LOS SUSPIROS DE GAIA

Los suspiros de Gaia

Miguel G. Aracil

© Plutón Ediciones X, s. l., 2024

Diseño de cubierta y maquetación: Saul Rojas

Edita: Plutón Ediciones X, s. l.,
         E-mail: contacto@plutonediciones.com
         http://www.plutonediciones.com

Impreso en España / Printed in Spain

I.S.B.N: 978-84-19651-74-7
Depósito Legal: B-147-2024

Dedicatoria

Todos mis anteriores libros han estado dedicados bien a mis escasos familiares, vivos o *in memoriam*, bien a compañeros y amigos, e incluso un par de ellos, a mis "mascotas" preferidas: los gatos; pero todos ellos, eran gente a la que conocía personalmente.

Al doctor Lovelock, padre de la teoría moderna sobre Gaia, del que se ha dicho mucho, tanto bueno como malo, pero que ha sido un científico que ha sabido plantar cara a la Ciencia oficial y ortodoxa y ha sabido defender sus teorías sin miedo a ser marginado...

AGRADECIMIENTOS

Al profesor Luis Miguel Doménech, doctor en ciencias geológicas y profesor de geología de la Universidad de Barcelona (facultad de Ciencias de la Tierra) y profesor y doctor ingeniero de la Universidad Politécnica de Cataluña, que no ha dudado en darnos su consejo y explicaciones con respecto a temas como el magnetómetro de protones o la gravimetría. Científicos como él, sin prejuicios, hacen falta para que estos temas dejen de ser "esotéricos", o peor aún "ocultistas", y pasen a ser del dominio de todos.

Además ha tenido la amabilidad de hacer el prólogo de este libro. No siempre un científico de la talla del profesor doctor Doménech, verdadera "vaca sagrada" (dicho con respeto y admiración) de las Ciencias de la Tierra se presta a escribir un prólogo a un libro como este que tiene usted, amigo lector, en sus manos.

Al Consulado General de Malta en Barcelona, por su amabilidad y ayuda respecto al capítulo de la isla de Malta, y principalmente a su secretaria la señorita María del Mar.

Así mismo, a EMPTC Conference, por darnos acceso a su material de archivo.

A Vladimiro G. Esteban, que ha colaborado en cuanto a documentación y archivo en el capítulo sobre los templarios y el río Lobos.

A los empleados de la antigua *Maison de la France* en Barcelona por su ayuda, y principalmente por habernos facilitado una fotografía aérea de la catedral de Chartres, entre otros materiales.

ANTES DE PASAR A LOS PRÓLOGOS, UNA ACLARACIÓN QUE DEBE DE CONOCER EL ESTIMADO LECTOR: ¿QUÉ CONSIDERAMOS EXACTAMENTE COMO "MAGIA" DE UN LUGAR?

Para el místico es el lugar donde puede ponerse fácilmente en comunicación con la Divinidad, o experimentar su propia trascendencia; para el ocultista, donde puede entrar en contacto con estados superiores de consciencia, con seres de otras dimensiones, e incluso donde se dan cita las fuerzas inteligentes de la Naturaleza; para el ecologista, el lugar donde Gaia, la Madre Tierra, deja entrever sus alegrías y genios, y donde fluye parte de esa energía terrestre que denominamos telurismo; para las personas muy religiosas es el lugar donde Dios se manifiesta de algún modo... (Extraído del libro *Gran guía de la Cataluña mágica*, del autor, publicado por Grupo Editorial La Espiral del Conocimiento, Barcelona).

Breve introducción para esta edición

Desde que hace años nos propusimos escribir este trabajo, tras muchas décadas reporteando como "freelance" por diversos países de cuatro continentes y visitando, investigando y escribiendo sobre Lugares de Poder, nuestro estimado planeta, la Tierra, Gaia, el Planeta Azul, estaba ya "enfermo" debido a los constantes abusos del ser humano, principalmente de muchos de los países que se definen, orgullosos y prepotentes, como "grandes potencias industriales" (EE.UU., Rusia, China, India, Gran Bretaña, Brasil y algunos más).

Aunque dicha "enfermedad" se veía lejana en el tiempo, muchos pensaban que sería fácilmente curable por poco que se intentara.

Cuando en el tórrido y seco (al menos en España) verano de 2023 actualizo, repaso, reescribo este trabajo que tiene usted, estimado lector, en sus manos, el planeta, en pocos años, ha empeorado hasta un estado casi semicrítico.

Inundaciones, sequías, grandes y pavorosos incendios que exterminan y arrasan cuanto encuentran en su camino, desertización, olas de calor, glaciares que desaparecen, cambios climáticos que deberían de asustarnos (sin entrar en psicosis colectivas) y, para rematar el tema, a las casi 32 guerras locales que asolan desde hace años nuestro planeta, pero de las cuales los medios apenas nos informan (por ser países pobres y de poco peso específico a nivel económico y político) desde hace casi 600 días (cuando esto escribo) una cruel y terrible guerra enfrenta a la belicosa Rusia de Vladimir Putin con el país que debería de ser su "hermano", o al menos su pariente cercano, Ucrania. Lo que supone, aunque los medios de comunicación no nos lo dicen, decenas de miles de kilogramos lanzados a la atmósfera de materiales insanos para la Naturaleza, ya que las armas que allí utilizan a diario no son precisamente arcos, flechas, lanzas o ballestas. Todo lo que explota, en este caso, son terribles y mortíferas armas cada vez más sofisticadas, y que aportan a la zona más insania ambiental (además de muerte) que, sumando poco a poco, van ayudando a destruir todavía más nuestro medio ambiente.

Lo que sí continúa como antes, por suerte y al menos hasta el momento, son los LUGARES de PODER que desfilarán por las páginas de este libro. Y que nosotros consideramos que son manifestaciones, pequeños faros, minúsculos guiños, hasta sugerentes bostezos, que quizá se conviertan en llanto, que nos hace Gaia, la Madre Tierra. Ese planeta que es un ser vivo, aunque un poco más muerto cada día, y que, desde que el ser humano pisó la tierra que lo vio nacer, nos ha venido indicando que este SER VIVO que es la Tierra, Gaia, marca con su peculiar poder telúrico, una serie de lugares donde el ser humano puede, si quiere y SABE, sentir en su propio yo, en su mente, en su cuerpo, lo que es casi imposible de sentir en otros lugares distintos.

No quiero dejar de agradecer que un científico y especialista de primera división, si se me permite el símil futbolístico, y de su talla profesional y académica, como es el geólogo y profesor, doctor Luis M. Doménech, profesor de algunas de las principales universidades de mi tierra, haya accedido a prologar este libro, que NO es un tratado científico, ya que quien esto escribe NO ES UN CIENTÍFICO; aunque sí alguien que, como reportero, ha viajado durante décadas y visitado diversos lugares de PODER, y quiero dar a conocerlos, antes que alguna desgracia irremediable, que no se puede descartar, acabe con algunos, o con muchos, de estos ENCLAVES telúricos que nos brinda nuestro maltratado planeta.

Con esta breve introducción a esta edición doy paso para que el lector viaje, juzgue y saque sus propias conclusiones.

EL AUTOR

Prólogo

Estoy escribiendo estas líneas en mi despacho de la universidad, ya estamos a finales del mes de julio y los pasillos están vacíos. Muchas veces me pregunto: ¿Por qué estudié Ciencias Geológicas?; la verdad es que son unos estudios muy vocacionales. ¿De dónde vino esta vocación? Una de las respuestas está en los programas de televisión del gran Dr. Fernando Jiménez del Oso, los libros de Peter Kolosimo, Erich von Däniken, Charles Berlitz, Jacques Bergier, Louis Pauwels y un largo etcétera de autores que devoraba durante mi adolescencia y juventud, junto a los álbumes de Tintín y los libros de Verne, que siempre estaban encima de mi mesita de noche.

Se despertó en mí una enorme curiosidad por todo lo que me rodeaba: lugares lejanos y misteriosos; antiguas civilizaciones perdidas, víctimas de grandes desastres naturales; épocas geológicas pasadas en las que la Tierra estaba poblada de enormes saurios. Me matriculé en la universidad, estudié la carrera que me apasionaba, geología, desarrollé mi vida profesional y docente, eso sí, siempre dentro de la estricta ortodoxia científica.

Hace ya casi veinte años conocí a Miguel G. Aracil a través de un amigo común. Ni corto ni perezoso me propuso, ya que yo era geólogo, que intentásemos evaluar con una metodología científica los indicadores o alteraciones que podrían generar los llamados lugares de poder. Su convicción, su ánimo, su espíritu aventurero, me hicieron inmediatamente volver a mi juventud, a la pasión por los misterios y a las viejas lecturas que aún rondaban por mi biblioteca. ¿Por qué no? Armado con diferentes equipos geofísicos (magnetómetros, gravímetros, etc.) y conduciendo mi viejo todoterreno, me recorrí media España buscado esos lugares de poder que Miguel me había listado (Cañón del río Ucero, el Puig del Pànic, etc.). La verdad es que disfruté durante esa temporada de aventuras, aunque mis colegas empezaban a mirarme con recelo.

De resultados pocos, anomalías ninguna. Cada vez que nos veíamos Miguel insistía: «¿Qué, ha salido alguna cosa?». Yo le decía: «Nada de nada», pero sus ánimos no perdían ni un ápice de intensidad, ya que inmediatamente me proponía otro lugar de poder. Pronto se acabó el dinero y, por qué no decirlo, también la ilusión ante tanto resultado negativo, pero el espíritu aventurero de Miguel, su enciclopédico conocimiento, y, de nuevo su actitud ante la vida, siempre crítica y no conformista, y sobre todo su nobleza, hicieron que no perdiese el contacto con él, al contrario, poco a poco fue cuajando una sólida amistad que dura hasta el día de hoy.

En lo referente al mundo del misterio, y en concreto al de los lugares de poder, tenemos ideas diametralmente opuestas (¡mi espíritu heterodoxo tiene límites!), pero nos unen dos aspectos: el espíritu de la hipótesis de Gaia de James Lovelock y la mente abierta, que hace que no confundamos ortodoxia científica con negacionismo.

La ciencia siempre debe ser un baúl abierto en el que quepa todo, luego, el método científico cribará lo que sea válido de lo que no. No debe interpretarse todo como blanco o negro, hay un innumerable número de matices de grises. Recuerdo algunas salidas de campo por Aragón, en las que estábamos intentando demostrar la evidencia de la existencia de un antiguo cráter de impacto meteórico. Yo acompañaba a un profesor alemán de la Universidad de Würzburg, y siempre que le exponía una interpretación ante una observación de campo, él respondía «*May be*» («Puede ser»), mostrándose abierto a todo tipo de interpretaciones. Posteriormente, los estamentos científicos más ortodoxos ya se encargaron de liquidar nuestro proyecto, pero eso es harina de otro costal.

Este libro recorre un amplio espectro de los llamados lugares de poder. Miguel nos hace viajar a la Capadocia, a Wewelsburg, al lago Atitlán; nos transporta de Malta a Petra, o de Uxmal a Santiago de Compostela. Con su prosa clara y desacomplejada expone claramente hechos e interpretaciones, estarás o no estarás de acuerdo, pero Miguel abre mentes cerradas a modo de abrelatas. Con la lectura de este libro he vuelto a sentir las mismas sensaciones que en mi juventud, cuando tenía entre mis manos los libros de Jacques Bergier y otros tantos.

Tras leer *Los suspiros de Gaia*, amigo lector, tendrás otra perspectiva diferente del planeta Tierra. No verás un planeta inanimado que responde a las leyes físicas orbitales, verás un ente «vivo» que se adapta y muta continuamente para favorecer el desarrollo de la vida sobre él. Verás un planeta que emite señales de dolor a causa del maltrato que está recibiendo. Entenderás el sistema Tierra-vida como un sistema bidireccional que se retroalimenta.

La Tierra como planeta, desde una perspectiva holística, emite continuamente señales que debemos saber interpretar. El prolífico escritor Miguel G. Aracil nos lo demuestra con este libro que me ha pedido que prologara y, gustosamente he hecho debido a nuestra amistad de hace años.

DOCTOR LUIS MIGUEL DOMÉNECH RUBIO
Profesor de geología de la Universidad de Barcelona
y de la Universidad Politécnica de Cataluña

Prefacio

Son muchos los países que he visitado, que he recorrido, que me han fascinado, pero Egipto, ese país a veces caótico (recordemos el tráfico de El Cairo o su corrupta burocracia), en ocasiones irritante (sus persistentes vendedores de recuerdos, sus funcionarios muchas veces corruptos, la gente pidiendo propina por cualquier nimiedad, sus "peseteros" guías turísticos...), pero por encima de todo "mágico"; tiene un "algo" muy especial. Cada vez que acudo a las pirámides de Guiza, lo hago con el convencimiento y la esperanza de sentarme horas ante ellas, mirarlas, dejar flotar mi imaginación, e ingenuo de mí, poder adentrarme en el secreto de aquellas montañas pétreas elevadas por el hombre hace casi cinco mil años con un propósito que aún no se sabe a ciencia cierta. Jamás lo he conseguido; la verdad tampoco he sido capaz de estar más de dos horas contemplando plácidamente (pese al calor) las pirámides, pues siempre acude alguien a venderme una estatuilla falsificada de la diosa-gata Bastet o unos papiros de ínfima calidad, cuando no, como en la última ocasión, un panzudo sargento de la policía turística, que embutido en su viejo y sucio uniforme blanco, me pedía con una sonrisa que le regalara una de mis Nikon f-50.

Si algún día consigo esa anhelada meta de estar horas observando las grandes pirámides, principalmente la de *Keops*, estoy convencido que solo llegaré a una conclusión, y es que guardan un secreto relacionado con el "lugar", y que allí, justamente allí, en esa árida tierra recorrida por millones de turistas, camellos, caballos y árabes, existe una energía muy difícil de encontrar en otros lugares, pues allí al igual que en otros lugares, Gaia, ese ser vivo que conocemos como planeta Tierra, suspira y deja fluir parte de su increíble energía.

No vayamos a creer que solo se encuentra esta energía en la zona de las grandes pirámides, sino que distribuidos por todo el mundo que habitamos, estoy convencido de que existen cientos, miles de lugares por donde la Madre Tierra, refleja sus alegrías y sus enojos, donde el hombre puede vivir sensaciones diferentes, tanto positivas como "negativas".

Desde principios del pasado siglo (nos referimos al XX) el ser humano, o al menos muchos de ellos, han creído, al igual que lo hicieron sus más remotos antepasados, que nuestro planeta era un ser vivo, con sus "simpatías" y sus "fobias", y que en unos lugares concretos, podemos entrar en contacto con unos estados superiores de consciencia (estado místico si lo prefieren los que sean muy religiosos) y también en otros llenarnos de ira y odio cerval.

Estos lugares, el Hombre (con mayúscula) desde hace milenios, y mucho más en la antigüedad, los ha "señalizado" para que sus descendientes pudieran disfrutar (o alejarse en algunos casos) de su "fuerza", y así distintos conjuntos megalíticos, "algunas" pirámides, viejos templos, montículos artificiales, ciertos parajes naturales de especial aspecto, rocas de extraordinarias formas y por fin algunas de las grandes catedrales medievales, son para nosotros simples indicadores que nos están gritando que allí, y concretamente allí, los seres humanos podemos apreciar aquella energía que constantemente este ser vivo, aunque cada vez menos vital, "gracias" al vandalismo de los países "civilizados", al que llamamos eufemísticamente "nuestro planeta", nos regala, pues, al fin y al cabo, somos hijos de esa Gran Madre que conocemos como planeta Tierra.

Que nadie busque en las próximas páginas un discurso "ecologista", pues personalmente no siento demasiadas simpatías hacia una gran mayoría de personas que se autoproclaman "ecologistas" para escudarse en unas ideologías políticas muy radicales, que acostumbran a englobarse en la paranoica extrema izquierda o en algunas ocasiones, las menos, en la chulesca ultraderecha, sin olvidar alguna secta destructiva. También es verdad que existen verdaderos y sinceros grupos ecologistas, pero tienen tendencia a caer en el politiqueo barato, quizá debido a "infiltraciones" de grupos radicales. En estas páginas vamos a recorrer "algunos", pues todos son imposible, de los lugares que consideramos que son simples "suspiros" de Gea o de Gaia y decimos "alguno" pues se podría editar un verdadero "atlas", pero no es esa nuestra intención, pues nos hemos limitado a los lugares que conocemos.

1. Gea (*Telus* en latín) era la divinidad femenina más antigua de toda Grecia, hija de Caos y esposa de Urano.

2. La teoría científica, o quizá mejor filosófica, sobre Gaia es una de las más sorprendentes que han surgido en las últimas décadas, aunque su origen se pierde en la noche de los tiempos. Esta teoría, que nosotros defendemos, sostiene, sencillamente, que el mayor organismo vivo que hay en la Tierra es el mismo planeta Tierra.

Escultura de la diosa Gea

Cuando entro en un templo nabateo, una catedral gótica, en el interior de un "crómlech" prehistórico, un templo precolombino, una cueva paleolítica del norte de España o sur de Francia o en las sencillas iglesias trogloditicas de Capadocia, siento "algo". Como agnóstico (no ateo ¡cuidado! pues es diferente) no creo que pueda ponerme en contacto con una divinidad (quien quiera que le llame Dios, Jehová, Alá o como mejor le plazca), pero sí noto, percibo (quizá sea solamente un deseo muy interior de que así sea) que allí existe algo "especial", y en según qué lugares mi mente, materialista como la que más, se vuelve un poco más "espiritual" o al menos trascendental. Frente al soberbio templo nabateo conocido como "El Monasterio", situado en lo más alto de la maravillosa y misteriosa todavía ciudad de Petra (se han excavado escasamente un diez por ciento de su suelo), hace algunos meses me senté un rato junto al *lendakari* vasco señor Juan José Ibarretxe, y pude observar cómo aquel señor con el que políticamente no comparto absolutamente *nada*, miraba con unos ojos llenos de esperanza y profundidad la maravilla pétrea de aquel templo nabateo; mirando al *lendakari*, las grandes montañas que nos rodeaban y profundizando por unos momentos en mis pensamientos más profundos, decidí escribir este libro, para dejar claro, o al menos exponer que, por encima de odios, barbaries, y aberraciones, el ser humano, el "hijo de la Tierra" tiene en ocasiones la oportunidad de cambiar, aunque sea unos instantes, sus pensamientos, y llegar a un estado mental (quien quiera que le llame espiritual) muy diferente al que habitualmente tenemos, y "quizá" (yo al menos así lo creo) muchas gentes de diferentes culturas, edades y civilizaciones, eligieron unos lugares concretos para vivir, con el fin de estar más cerca de esas fuerzas que me he permitido denominar "suspiros" de Gaia, pues como bien dijo en una ocasión Paul Devereux: *"Gaia es la Tierra viva, un organismo cargado de información, con el que podemos interconectarnos para reencontrar las claves de una existencia acorde con los dictados de la Naturaleza"*, y es por ello que quizá deberíamos acudir con cierta regularidad a estos enclaves de energías telúricas que nuestros antepasados señalizaron ex profeso, que consideraron lugares sagrados, y actualmente gustamos de definir como "mágicos".

EL DOCTOR LOVELOCK
Y LA TEORÍA DE GAIA

No es nuestra intención escribir una biografía del doctor Lovelock, al que muchos consideran el "padre", sin duda, de la teoría de Gaia, pero sí que creemos que en este libro tenemos que hacer mención de él, para que el público en general, conozca un poco más a este científico "radical" e inconformista.

En el *National Institute of Medical Research*, pasó quince años estudiando todas las ramas en que se divide la Ciencia, sin prestar la mínima atención a las posibles barreras que separaban unas de otras. Disciplinas como la química, biología, medicina, fisiología, cibernética, geofísica y climatología, fueron campo de estudio de este sabio independiente y polémico. Aquella acumulación de conocimientos le valieron en el año 1974, el título de miembro de la *Royal Society*, uno de los estamentos científicos más importantes de

Gran Bretaña, equivalente a la prestigiosa *National Academy of Sciences* de los Estados Unidos.

En el transcurso de su lucha por demostrar que el planeta donde vivimos es un ser vivo, al igual que las plantas, animales o el mismísimo ser humano, conoció a la bióloga Lynn Margulis, que rápidamente se convirtió en su más próxima colaboradora.

Lovelock cree que en los últimos siglos, la Ciencia se ha empobrecido al no tener ningún lugar donde pueda actuar el pensador individual. Frente a su casa campestre se podía observar una estatua blanca, de claro estilo griego, representación de Gea.

En conferencias y simposios, este científico ha tenido como lema y ha defendido su teoría de que "La Tierra está viva, la Tierra es un organismo". En su libro *Las edades de Gaia* (publicado en inglés en 1988), hace unas declaraciones de lo más heterodoxas, y que por su importancia nos atrevemos a repetir: *En ninguna parte de la superficie de la Tierra hay una distinción clara entre la materia viva y la que no lo es. Hay sencillamente una jerarquía de intensidad que va del entorno "material" de las rocas y la atmósfera, hasta las células vivas.*

Con estas breves pinceladas hemos querido dar a conocer la persona que se ha hecho estandarte humano de esta lucha a favor de nuestro planeta Tierra. Para las personas que quieran profundizar en los trabajos de Lovelock, les aconsejamos consulten

el libro *Gaia, la Tierra inteligente*, escrito conjunta-
mente por los científicos John Steele y David Kubrin
y el investigador y director de la revista *Ley Hunter*
Paul Devereux[1]. En este libro se recogen las investigaciones, inventos y teorías completas de este sabio
multidisciplinar y algunas partes de sus conferencias,
así como algunas contrateorías presentadas por sus
adversarios en el mundo científico.

---

1   Ver bibliografía al final del libro.

Capítulo Primero
Los megalitos: ¿son solo piedras?

*Cuanto menor es la inteligencia de un hombre,
menos misterios tiene la existencia,
pues todas las cosas le parecen llevar
en sí mismas su explicación.*

Schopenhauer

Siempre me han impresionado los megalitos. Recuerdo con añoranza mis años escolares cuando el profesor nos pasaba, en la clase de historia, diapositivas (en aquellos tiempos les llamaban "filminas") en las que se veía a unos individuos feos y peludos y armados con lanzas de sílex, hacer vida "salvaje" junto a mal dibujados dólmenes que más parecían ciertas estructuras que he visto en Capadocia, que las verdaderas "mesas de piedra" neolíticas, pues eso significa exactamente la palabra "dolmen". Estos, se encuentran en varios continentes, y fíjese el lector que hemos dicho "en varios continentes", pues actualmente sabemos, pese a que la arqueología oficial haya tardado casi dos siglos en reconocerlo, que en el norte de África, en Japón, en Corea, en diversos países sudamericanos (incluida la zona amazónica) e incluso junto al Mar Muerto, se levantan estas moles pétreas que hasta hace poco, se daban como "únicas" y endémicas de Europa, y aun así, de solo unos pocos países.

Estos monumentos, dólmenes, menhires, crómlech, *cairns*, son para una gran mayoría de historiadores y arqueólogos "oficiales" simples monumentos de piedra levantados por los antiguos (entre el 5500 y el 1600 antes de nuestra era), bien como "señalizaciones" de su territorio (menhires), bien como tumbas para los caciques o sacerdotes (dólmenes), o simples "lugares de ritual" (piedras de sacrificio, crómlech, etc.). Hoy las nuevas investigaciones, y principalmente la geomancia, nos ha demostrado que aquellos monumentos varias veces milenarios, son mucho más; son "señalizaciones", sí es verdad, pero que nos indican, que nos señalan, que aquel lugar, y no otro, es "especial" pues en él se dan una serie de circunstancias que lo hacen diferentes a los otros, y que modernos investigadores armados de aparatos de precisión han podido comprobar que a su alrededor se acumula una energía que hace ya años conocemos como "telúrica" (de la diosa latina "Telus", equivalente a la griega Gea) y que sale de lo más profundo del interior de la Tierra[2].

El hombre del neolítico no conocía la luz eléctrica,

---

2   De estas corrientes telúricas, las hay que nacen de los movimientos de las aguas subterráneas; otras de fallos de terreno que han puesto en comunicación o contacto, suelos de diferentes naturalezas, los cuales acusan diferencias de potencial en los diferentes cambios de temperatura; otras más profundas y misteriosas que provienen de los más profundo del magma terrestre, y esas fuerzas son, como bien dice Charpentier, las manifestaciones mismas de la vida de la Tierra, y allí donde no llegan, encontramos zonas muertas, son como la sangre para el cuerpo humano.

la medicina nuclear, la informática o la física cuántica, pero que nadie se equivoque creyendo que se trataba de un estúpido de coeficiente de inteligencia bajo, sino que tenía una inteligencia ni más ni menos como la nuestra, pero con una gran ventaja, pues su continuo contacto con la Naturaleza le permitía una hipersensibilidad para reconocer las fuerzas y energías naturales. He recorrido varios desiertos de África y Asia y siempre me sorprende ver cómo los beduinos pueden seguir una línea fija en el desierto jordano de Wadi Rum o los legendarios tuaregs (ni tan nobles ni tan caballerosos como algunos autores "comprometidos socialmente" quieren hacernos creer, pues al fin y al cabo se han distinguido desde hace siglos por su *rapiñería* y violencia), cuando a lomos de sus *meharis* atraviesan miles de kilómetros de arenas y dunas sin desorientarse, lo que a cualquier occidental le obligaría a echar mano, como mínimo, de una buena brújula (aunque de poco valen en el desierto), o mejor de modernos y caros GPS (Sistema de orientación por satélite).

Al hombre "antiguo", ese contacto directo y desde generaciones con la Naturaleza, podríamos casi hablar de una verdadera "comunión" con ella, les permitió, CONOCER dónde se encontraban los puntos por donde esa fuerza telúrica que desprende la Tierra se escapaba, y seguramente también APROVECHAR estas energías. Para ello levantaron los megalitos, unos en forma de gran falo que parecen querer "fecundar" la Tierra, y otros a manera de gran vagina que parece que está esperando que algo la fecunde.

Como diría Devereux, estos lugares actualmente considerados como "mágicos" son *lugares construidos o "tomados" para los fines del espíritu antes de que apareciera la visión newtoniana del mundo, antes de que se viera a la Naturaleza como una máquina, antes de que naciera la llamada "Edad de la Razón".*

Es concretamente el lugar lo que hace que el hombre construyera esas inmensas moles pétreas, y no al revés, como nos dicen muchos estudiosos. No se hizo sagrado el lugar porque se construyera en él, sino todo lo contrario, se construyó en él, porque el lugar se suponía, o se sabía, que era sagrado.

Cuando un dolmen o un menhir se cambia de su lugar original, pierde todo su poder y aún hoy sonrío cuando recuerdo a un grupo de pseudoesoteristas que se reunían ante el "energético" menhir del Mas de la Font, situado en la gerundense localidad de Castell d´Aro (fronterizo con Santa Cristina d´Aro) para "absorber" sus "energías telúricas" mientras el "Gran Maestre" del grupo, un sudamericano con más cara que espalda, recitaba a voz en grito mantras "tibetanos" (*sic*); pues resulta que aquella "antena cósmico-telúrica", se erigió en 1858 como señalización de términos municipales. O las espectaculares reuniones en el popular dolmen de la Pedra Gentil (Vallgorguina), donde en ocasiones acuden "profesionales" del pseudoesoterismo a realizar algún patético espectáculo, sin saber, o quizá sí, que aquella masa de piedras, ni tiene la forma (que es lo de menos), ni está situada en su emplazamiento original.

En cambio los miles de megalitos distribuidos por diferentes países y que están todavía en su lugar inicial, sí que nos indican el lugar donde hay algo "especial", que nos puede permitir un estado de consciencia diferente al habitual. No en vano, la Iglesia, la misma que ha destruido en los últimos 16 siglos miles de megalitos a fuerza de mallo y palanca, no ha dudado en cristianizar a muchos de ellos, e incluso en muchas ocasiones, en erigir un templo cristiano, exactamente sobre el monumento prehistórico. Vamos a poner algunos ejemplos que creemos que son suficientemente clarificadores de esta teoría conforme la Iglesia, conociendo estas fuerzas de la Naturaleza, las mismas que "oficialmente" anatemizaba por "diabólicas" y paganas, en muchos casos se las apropiaba con todo descaro y desfachatez.

Túmulo de Saint Michel (Carnac-Bretaña)

En mi anterior libro, *Segunda guía maldita de Cataluña*, ya indicaba la gran abundancia de importantes enclaves megalíticos que una vez apropiados (generalmente a golpe de espada y bastón) por la Iglesia, fueron puestos bajo la advocación del arcángel San Miguel, y este es uno de ellos. Cuando nos encontramos en Carnac (Bretaña francesa) y recorremos los miles de menhires perfectamente alienados que forman los alineamientos de Kerzerho, Le Ménec, Kermario y Kerlescán, llega un momento que deseamos ver algo diferente y entonces podemos acudir al inmenso túmulo dedicado a San Miguel situado en las afueras de dicha localidad. Se trata de un inmenso túmulo coronado por una pequeña iglesia dedicada a dicho santo.

Túmulo de Saint Michel

Este inmenso gigante de 125 metros de largo, 50 de ancho y 10 de altura, fue excavado por R. Galles en el año 1862. Tras perforar un lecho de piedras, el arqueólogo descubrió una gran masa de fango, y un dolmen, especie de cripta interna. En su interior había un gran número de herramientas. Años después, a principios del siglo XX, Z. Le Rouzic, que había dedicado gran parte de su vida a explorar los milenarios megalitos bretones, volvió a excavar este túmulo pero desde otro punto situado en el este, y encontró otro dolmen en su interior donde se encontraban 15 pequeños cofres.

Actualmente sabemos, por las dataciones del radiocarbono, que aquellos megalitos fueron utilizados entre el 6000 y 3000 antes de nuestra era.

Pues bien, en la parte superior del inmenso túmulo se levanta como ya hemos dicho antes, una iglesia que "cristianiza" el lugar y permite que los habitantes de la zona, puedan seguir acudiendo a ponerse en contacto con otros planos, pero esta vez cristianizados y "oficialmente reconocidos". Y curiosamente indicaremos que hasta hace relativamente pocos años, la Iglesia y algunos "sabios" oficiales, seguían asegurando que aquel formidable túmulo, había sido levantado gracias a los miles de piedra y bolas de barro que los peregrinos que se dirigían al *pardon* (típica peregrinación bretona en honor a un santo) de Saint Cornély, amontonaban en el lugar... Sin comentarios

Mont Saint-Michel

Pocos lugares de Europa confieren la misteriosa sensación que se tiene al estar delante del soberbio peñón-isla de Saint Michel, encaramado en una roca granítica de 50 metros de altura y poco más de 900 de contorno. Un estrecho dique llamado Pontorson, lo une a tierra firme. Su definición como isla, depende de las mareas que unen, o separan, la gran roca del continente, pues en bajamar, el agua se retira hasta 17 kilómetros, dejando aflorar el 70 por ciento de las cuarenta mil hectáreas que forman la bahía del mismo nombre; pero a la vez que avanza el día, el terreno progresa a razón de 50 metros por minuto (63 con marea equinoccial). La marea puede llegar a los 13 metros. Su origen se pierde en la noche de los tiempos, pero su contemplación como dice Salvador Martínez, erudito en temas de la Bretaña: *El lugar invita a la mística*. En sus orígenes tuvo en su parte alta un dolmen que con toda seguridad se halla en el interior de dicho conjunto arquitectónico. Siglos después, los celtas lo siguieron considerando sagrado y allí celebraron sus misteriosas ceremonias, y con la llegada del cristianismo, se dice que el mismísimo arcángel San Miguel, se apareció allá por el siglo VIII a Saint Aubert, para transmitirle el mandato divino.

Mont Saint-Michel au Péril de la Mer, pues este es ni más ni menos que su rimbombante nombre, se convirtió en la Edad Media, después de Santiago de Compostela y Roma, en el lugar más visitado por los peregrinos que recorrían toda Europa en busca de "salvación divina".

Su visión no deja a nadie indiferente, y como nos dice el anteriormente citado Salvador Martínez en su libro *Bretaña* (ediciones Laertes): *Da la impresión que esa pirámide de los mares flota entre la tierra y el cielo, como simbolizando su mediación entre Dios y los hombres,*

y la verdad es que si lo visitamos una mañana con nie-
bla, muy abundante en aquella zona fronteriza entre
Bretaña y Normandía, la sensación que nos viene a la
mente es justamente esa. Citando otra vez palabras
de Martínez, es posible que el peregrino o el viajero,
encuentre allí una parte de sus orígenes, intangible y
eterna.

Mont Saint-Michel

En su interior, si logramos visitar el lugar con la
calma necesaria (mejor que no sea en verano), veremos numerosos símbolos esotéricos, incluso masones,
que nos están recordando que estamos en el interior
de uno de los más importantes lugares sagrados de
todo nuestro continente y un verdadero chacra telúrico que hace que hasta el materialista más radical,
sienta "algo" especial.

Catedral de Chartres, centro energétio

Hay lugares donde sopla el espíritu.
Barrés

En 1970, con apenas quince años, adquirí con el poco dinero que tenía en mis bolsillos, una edición de libro *El enigma de la catedral de Chartres*, del que era autor Louis Charpentier (Plaza y Janés, colección "Otros Mundos"). Fue la primera vez, si no recuerdo mal, que leí las palabras "fuerzas telúricas", y que Charpentier definía más o menos con estas palabras: *Lugares donde el hombre puede impregnarse del espíritu, o, si se prefiere, donde se desarrolla en él, el sentido de lo divino; y este es el mayor don de la Tierra y el Cielo al hombre.*

Chartres, y más concretamente su catedral, son un arcano, un chacra telúrico de primer orden y con el estudio de toda su simbología, se podría llenar un libro entero; nosotros vamos a limitarnos a introducirnos en la historia de este enclave[3].

La famosa catedral situada en la ciudad del mismo nombre, regada por el río Eure, y a unos 90 kilómetros de París, es un ejemplo impresionante de sincretismo, donde lo sagrado se erige sobre lo sagrado,

---

3   El periodista y escritor aragonés Javier Sierra escribió una interesante novela alrededor de esta catedral (*Las puertas templarias*, editorial Martínez-Roca), donde, aunque de forma más o menos ficticia, se exponen unas teorías que muy posiblemente sean el alma mater del misterio gótico francés.

pues el lugar "tiene fuerza". Sabemos que en la prehistoria, los habitantes de aquellos lares erigieron un túmulo con un dolmen y un pozo en el interior. Milenios después, los druidas, sacerdotes celtas de la Galia y Bretaña, fundaron una escuela iniciática allí mismo, y el lugar se convirtió en un centro de enseñanzas druídicas. El montículo y su particular dolmen, adquirieron una nueva importancia cuando alguien tuvo una visión profética que decía que una mujer virgen daría a luz a un niño. Los druidas, y los bardos de Chartres, tallaron en un tronco de peral, una imagen de esta virgen con un niño sentado sobre sus rodillas.

Catedral de Chartres

Los sacerdotes celtas instalaron la imagen junto al pozo sagrado y el punto energético del dolmen, y bautizaron la imagen como "Virgen Bajo la Tierra", aunque después se convertiría en la *Virgini Pariturae*, e indudablemente hacía referencia a la Madre Tierra (la actual imagen es de finales de la Edad Media).

Hacia el siglo III aproximadamente, llegaron los primeros cristianos que al descubrir la imagen, ennegrecida por el tiempo y el humo, la consideraron una Virgen Negra (muy anterior a las célebres y numerosas que existieron en la Edad Media europea). Entonces decidieron construir encima una iglesia dedicada a la Virgen, y el lugar donde encontraron la imagen lo llamaron "Cueva del Druida" y lo destinaron a cripta de la iglesia. Con el tiempo se llegaron a erigir sobre esta primera edificación cristiana hasta seis iglesias, la última de ellas, la famosa catedral gótica de Chartres, una de las 80 grandes edificaciones góticas levantadas en Francia tras el regreso de los templarios de Tierra Santa. Llegados a este punto debemos hacernos cuatro preguntas:

¿Fue el estilo gótico, producto directo de la búsqueda primigenia de los Caballeros del Temple?

¿Volvieron a Francia con unos secretos religiosos y arquitectónicos que pusieron en práctica con la ayuda de los cistercienses?

¿Existió entre los medievales caballeros del Temple y los antiquísimos arquitectos egipcios algún nexo "más allá del tiempo"?

Y finalmente:

¿Habían descubierto los templarios, al menos los primeros integrantes de la Orden, un conocimiento arcano que les enseñó el secreto que daría como resultado el nacimiento del gótico, verdadera eclosión de luz en el oscuro mundo religioso de la Edad Media?

Quizá las cuatro preguntas tengan una sola y fácil contestación: ES MUY POSIBLE.

Se asegura que los peregrinos que entran a la catedral por el gran pórtico occidental, experimentan la necesidad imperante de enderezar el cuerpo y sobre todo la cabeza, pues el diseño interior de la catedral, hace que el hombre o la mujer, parezcan elevarse, ayudados por las fuerzas telúricas del suelo, hacia las potencias cósmicas del techo, y además, al respecto, Charpentier nos dice en su libro: *fisiológicamente, las corrientes telúricas y las de otros tipos, solo pueden ingresar en nosotros a través de una columna erecta y vertical.* A lo que nosotros añadiríamos que ayuda muchísimo entrar descalzo, como hacían muchos peregrinos, pues los zapatos y más aún unas gruesas botas, pueden actuar como salvapantalla.

Los peregrinos avanzaban descalzos por la nave, iluminada con velas y con olor a incienso, y se dirigían al laberinto de 13 metros de diámetro grabado en las losas del suelo. Entonces podían bailar, hasta llegar al centro, donde se supone que se encuentra una de las mayores concentraciones telúricas de todo el edificio. Este laberinto consiste en un diseño de piedras, de dos colores blanquecino y negro verdoso, incrustadas en las losas. La famosa investigadora de lugares sagrados Blanche Merz en su famosa obra *Pirámides, catedrales y monasterios*[4] al referirse al medieval laberinto nos dice: *Alrededor del laberinto se encuentra una vibración de 6500 unidades, lo que no tiene nada de especial, sin embargo en cuanto entramos en las líneas del mismo, las vibraciones ascienden a 8000, y en el interior del anillo, donde el campo magnético permitía aumentar el ritmo de la marcha, se alcanzan las 13.500 unidades, y llegados al centro, se alcanzan las 18.000 unidades* (sobre las mediciones y teorías de esta investigadora, al final del libro hacemos unos comentarios). Pero continuemos nuestro recorrido por esta increíble catedral gótica. Una vez llegados al punto central del crucero, el peregrino recibía la fuerza lumínica de las inmensas vidrieras policromadas, maravilla de la alquimia del vidrio.

En el ala occidental del crucero sur, se encuentra una gran losa en el suelo, que es otro de los grandes misterios de dicha construcción, pues al mediodía del

---

4   Publicado por ediciones Martínez-Roca, en su colección "La otra ciencia".

solsticio de verano, un rayo de sol, atraviesa un cristal transparente de la vidriera policromada de San Apolinar, el primero del muro oeste de este crucero e ilumina exactamente un saliente existente en la losa y que no conocemos a ciencia cierta su significado. El profesor de sistemas electrónicos don Francisco Molina Gadea, cofundador de la asociación de investigaciones paracientíficas Recerca 2000, tras un detallado estudio del lugar, nos dijo que indudablemente había existido una perfecta comunión entre el constructor, el vidriero, el geómetra y un astrónomo. Antes de dejar esta maravillosa catedral, queremos dejar constancia de una investigación llevada a cabo por el investigador galo Guy Tarade en la que nos comenta que los estudios realizados por los científicos y técnicos cristaleros sobre los rosetones de Chartres, han podido constatar, que tienen una curiosa particularidad: los cristales están insertados en las piedras, en las que previamente, se habían hecho unas acanaladuras, y no como sucede normalmente en las otras catedrales, donde los cristales están ajustados a la piedra. Este trabajo titánico se debió según Tarade, a que los vidrieros medievales que crearon aquella maravilla, intentaron y al parecer consiguieron, que los millares de trozos de vidrio brillaran y vibraran al unísono con la catedral al proyectar sobre su suelo, los medallones de luces coloreadas[5] y según nos asegura

---

5   Curiosamente, y según Piers Vitebstki, la primera aguja gótica que se erigió en Europa, y que califica de "culminación de todos los elementos del gótico", fue en esta catedral. De estas agujas, se ha dicho que simbolizan el equilibrio y los contrastes

al respecto: *Estos "confetis" de fotones constantemente se difunden por el edificio, y de este modo tan peculiar, actúan sutilmente en el ambiente de la gran nave de piedra.* Parece ser que la catedral de Bourges, tiene en sus vitrales el mismo efecto.

Este es solo uno más de los muchos misterios que rodean a la catedral más enigmática de toda Francia, y uno de sus principales centros telúricos. Terminaremos diciendo que la orientación norte-este de dicho edificio, está adaptada al trazado de la corriente de agua subterránea que la atraviesa[6].

La lista sería interminable

Sería imposible relacionar los muchísimos templos de toda Europa que se han erigido sobre un antiguo megalito, principalmente un dolmen, como es el caso de la recoleta iglesia románica de Sant Corneli (Barcelona) que tiene adosado un dolmen varias veces milenario, o el siempre misterioso, majestuoso y controvertido monasterio de Sant Pere de Roda (Girona-Costa Brava) que, edificado con toda seguridad sobre un templo griego, parece ser que anteriormente, este, lo había sido sobre un conjunto megalítico, y todavía hoy, docenas de megalitos rodean este edificio; o la tranquila ermita de la Santa Cruz de Cangas de Onís (Asturias), que aunque reconstruida hacia el

entre el empuje hacia el cielo, y el "tirón" horizontal de la Tierra.
6   *Las venas de la Tierra* (ver bibliografía).

siglo XVII, sus orígenes "cristianos" se remontan a los tiempos de Favila, sucesor de Pelayo, y famoso además de haber sido el segundo rey de Asturias, por haberse enfrentado a un oso durante una cacería, y que al parecer acabó con la vida del visigodo. En el interior de este edificio religioso se encuentra un inmenso dolmen, parte del cual aún puede verse lleno de grabados simbólicos y que nos está indicando la antigüedad y sacralidad del lugar. O los inmensos restos megalíticos de las cercanías de la gallega población de Padrón, destruidos y "cristianizados" a base de cruces de piedra. Pero tampoco debemos retroceder milenios, ni tan siquiera siglos, en esta búsqueda, pues recuerdo una amigable conversación con ese gran erudito, y yo diría que casi "sabio místico", que se llamó Joan Llarch, en la que me comentó en la redacción de la desaparecida revista *Mundo Misterios[1]*, allá por la década de los 80, diría yo que a principios, que en el subsuelo de la última gran catedral de Europa, la "catedral de los pobres", esa maravilla que conocemos como Sagrada Familia, edificada en Barcelona[7], existió y aún perdura enterrado en su cripta (eso último lo vemos ya más difícil) uno de los tres dólmenes que existieron en la Ciudad Condal; los otros, y que ya no puede negarse su existencia, estaban situados en el actual Camp del Arpa (*arca* en catalán antiguo era la palabra que se utilizaba para

7   Ver el libro *Gaudí, biografía mágica*, de Joan Llarch, publicado por editorial Plaza y Janés. También el escritor Ernesto Milà profundizó en el estudio esotérico de Gaudí en su libro *El misterio Gaudí*, publicado hace algunos años por ediciones Martínez Roca.

denominar a cualquier "dolmen" e incluso hay pueblos que deben su nombre a este factor, como el leridano Valldearques, situado en el Alt Urgell) y en la turística montaña de Montjuic, del cual aún quedan algún dibujo del siglo XIX. Esta situación "mágica" no debe de extrañarnos, pues el genial arquitecto Antoni Gaudí fue un esoterista de primera fila, y por poco que nos fijemos y sepamos de simbología, veremos que TODA la construcción de la Sagrada Familia, es un libro abierto (para quien quiera leerlo) de hermetismo y alquimia, ¿qué mejor lugar para erigir la última gran catedral de Europa que sobre un dolmen milenario? No dudamos que esta Sagrada Familia sea un foco impresionante de fuerzas telúricas en el mismísimo corazón de Barcelona. Y si salimos de España, y principalmente en las zonas célticas, destacamos el inmenso menhir de Rudston, que parece presidir y vigilar el precioso templo normando y el recoleto cementerio que hay junto a él.

Las religiones cambian, pero los lugares de poder, son los mismos, todo depende de los "profesionales" de cada religión, de si quieren aprovechar aquellas fuerzas de la Madre Tierra, o sencillamente deciden terminar radicalmente con cualquier monumento o señal que las indique, como últimamente han hecho en algunos casos de manera terrible algunos fanáticos musulmanes y en España algunos grupos de "integristas del nacional-catolicismo". Al respecto, el año 1988, siendo yo corresponsal en Cataluña de la revista *Misterios de la arqueología y del pasado*, su director el periodista manchego José León Cano Uribe me pidió un reportaje sobre la destrucción de una parte del patrimonio prehistórico catalán a manos de algún grupo de la extrema derecha más ultrarreligiosa. Después de haberme entrevistado con miembros de la policía autonómica catalana (Mossos d´Escuadra), y otros cuerpos de seguridad, publicamos el trabajo titulado *Peligra el patrimonio megalítico catalán*[8], en el que se referían algunos casos recientes de destrucción de megalitos, siendo, sin duda, el más espectacular el ocurrido en abril de 1977 en la comarca del Alt Urgell, donde el dolmen conocido como "La Cabana del Moro" situada en la población del Bedoll, había sido totalmente destruido. Tampoco creemos que fuera casualidad la caída de la "cristianizada" (se la había coronado con una cruz de hierro forjado) "Pedra Alta" de la gerundense Sant Feliu de Guíxols (en pleno corazón de la Costa Brava), que después de millones de años de estar situada en el mismo lugar, (aunque algunos la calificaban de megalito, era una formación caprichosa de la Naturaleza), en una "noche de tormenta", cayó de su enorme y pétreo pedestal. Curiosamente también a esta formación natural tan extraña y curiosa, a la que acudían las gentes de la zona desde tiempos inmemoriales, se la había cristianizado no solamente poniéndolo una cruz sobre ella, sino que se erigió un edificio católico junto a la famosa piedra oscilante[9].

---

8   Páginas 14-19 del número 17 de dicha publicación.

9   Poco tiempo después tuvimos noticia de casos parecidos en diferentes lugares del norte peninsular. Pero no vayamos a

Terminaremos este capítulo, y como simbólico homenaje a los miles de megalitos que cubren toda Europa y otros lugares del mundo, recordando unas palabras que sobre el megalitismo dijo el profesor de la Universidad Libre de Berlín Dr. Helmut Tributsch: *La investigación sobre la Atlántida es, al mismo tiempo, una búsqueda de la "verdadera civilización originaria", que no se hallará en Egipto ni en el área del Mediterráneo oriental, sino en las costas del Atlántico, allí donde floreció el reino de la cultura megalítica.*

---

creer que aquellos hechos vandálicos son obra solamente de "fanáticos" de nuestro país, pues en uno de nuestros últimos viaje a Bretaña se nos informó de los destrozos ocasionados en el magnífico megalito conocido como *Maison des Feins* (Casa de las Hadas), situado en el bello pueblo bretón de Tressé. En este caso, la policía cogió a un individuo que armado con un martillo y un buril, estaba destrozando los dos magníficos "pechos", símbolos fértiles de la Gran Madre, que desde milenios están esculpidos en este dolmen, uno de los más preciosos de Francia.

Capítulo Segundo
Lugares de poder, los suspiros, lamentos y bostezos de la Gran Madre

El planeta Tierra es un ser vivo, con sus temperamentos,
amores y odios, cuidado con este ser, pues algún día
puede intentar cobrarse todas las afrentas que
el ser humano le viene haciendo desde hace milenios.

Miguel Montí

Todo el planeta tiene estos lugares de poder, estos "suspiros" de la Madre Tierra, y como hemos dicho anteriormente, el hombre antiguo, nuestro antepasado, nos los indicó, y solo tenemos que saber aprovechar su fuerza.

En esta parte del libro hemos querido aproximar al lector hasta unos cuantos de estos "suspiros". Sabemos que posiblemente conocerá muchos de ellos, pero hemos intentado escogerlos de diferentes culturas y civilizaciones para que podamos tener un ejemplo lo más variado posible.

Hemos intentado que casi todos los lugares que aquí aparecen, los hayamos visitado, recorrido, estudiado personalmente, para poder dar nuestra personal impresión. Cuando esto no ha sido posible, las menos de las veces, hemos buscado el asesoramiento de personas de total confianza y solvencia profesional.

STONEHENGE

Ningún libro que se precie, y que trate el tema de los lugares sagrados y las fuerzas telúricas, puede prescindir de un lugar del que alguien dijo que era: *Como un poderoso imán, que atrae hacia sus antiquísimas piedras a toda clase de personas, desde arqueólogos especializados, que tienen la pretensión de sondear sus misterios, esoteristas trasnochados, o simplemente ciudadanos normales que solo desean visitar este lugar mágico.*

En toda la campiña de Wiltshire, en el corazón de Inglaterra, se levanta el más popular monumento prehistórico de todo el Reino Unido. Sobre su antigüedad se ha hablado mucho, pero parece ser que sus orígenes se remontarían hacia el 35.000 antes de nuestra era, en que se empieza a levantar este majestuoso enclave megalítico. Las excavaciones arqueológicas llevadas a cabo en la década de los cincuenta del pasado siglo (XX) por el arqueólogo Richard Atkinson aseguraron que el "primer" Stonehenge, consistía en una zanja circular con reborde y 56 orificios, conocidos actualmente como "agujeros de Aubrey", los cuales estaban dispuestos alrededor de su perímetro.

El "segundo" Stonehenge no se empezó a erigir hasta como mínimo dos siglos más tarde, y sus nuevos constructores trazaron una amplia avenida que vinculaba el monumento con el río Avon, situado a 2200 metros aproximadamente del megalito. Para su edificación parece ser que trajeron en faraónica labor, 80 bloques de piedra arenisca de las montañas Prescelly, situadas en Gales, a varios cientos de kilómetros, las cuales puede ser que fueran transportadas gracias a enormes balsas. Fue entonces cuando el círculo de arenisca fue transformado en el inmenso anillo lítico que conocemos actualmente. Los científicos han podido pesar los diferentes colosos de piedra, y en algunos casos, superan las 26 toneladas.

Stonehenge

Sobre su verdadera finalidad, hay diversas teorías, pues mientras estudiosos como John Michell (autor entre otro del *best seller Nueva visión sobre la Atlántida*) creen que podía tratarse de un inmenso templo cósmico dedicado a cada uno de los signos zodiacales, otros como es astrónomo estadounidense pero de origen británico Gerald S. Hawkins, profesor de Astronomía en la Universidad de Boston, que ha utilizado a lo largo de los años un ordenador llamado "Oscar" para descifrar e interpretar muchos alineamientos prehistóricos, llegó a la conclusión de que se trataba de un sofisticado observatorio astronómico, de los muchos que se encuentran en todo el mundo[10].

Curiosamente hemos recogido un dato de la mano de Paul Devereux, que nos dice que desde el año 1985, (citamos textualmente de su libro *La Memoria de la Tierra*, página 25): *El gobierno británico prohibió que se observara el amanecer de estío desde Stonehenge (sic).*

Personalmente estamos convencidos de que sirvió como antiguo calendario, pero eso no explicaría el traslado de millones de kilos de piedra desde Gales y muchísimos años de trabajo.

Indudablemente, Stonehenge sigue teniendo su

---

10   La manera de actuar de Hawkins y su amigo "Oscar" fue la siguiente: primeramente tragó los materiales básicos, alineaciones de las piedras y posiciones clave de los principales cuerpos celestes. Seguidamente "Oscar" restituyó sus conclusiones desechando planetas y estrellas como cantidades desdeñables. Pero por el contrario, el astro rey, el Sol, y nuestra vecina la Luna, fueron los protagonistas, ya que puestas, salidas, variaciones estacionales del uno y de la otra, pueden leerse según este científico, en las disposiciones de las piedras que forman el conjunto. E incluso se aventuró a asegurar que allí se encontraban indicados los eclipses, y arriesgando todavía más, añadió que en aquellas milenarias piedras se encuentra señalado en "año metónico" (referente al astrónomo griego Metón que vivió en el siglo V antes de nuestra era) donde se demuestra que la luna llena aparece en las mismas fechas del calendario al cabo de un ciclo de 18,61 años.

magia, y cientos de miles de personas acuden cada año por diferentes motivos para observar o "gozar de la fuerza" del monumento más mágico existente en la Pérfida Albión[11].

Neodruidas, junto a seguidores de la polémica y comercializada New Age, y gente normal y corriente acuden y seguirá acudiendo a disfrutar del mágico círculo de piedras, pero creemos que el verdadero sentido funcional de Stonehenge, seguirá siendo uno de los grandes misterios de Europa.

CARNAC: LOS SOLDADOS DE A PIE DE GEA

Actualmente podemos definir los alineamientos de Carnac como el propósito principal del turismo armoricano, visitado por cientos de miles de personas cada año, y que pese a los cientos de libros que se han escrito sobre aquel lugar, a cientos de catas y estudios, más o menos serios, alrededor de las milenarias piedras, y de las docenas de teorías sobre sus orígenes y función, la verdad es que sigue guardando su arcano secreto, y quizá jamás se llegue a saber en realidad qué son, y para qué fueron erigidos.

Indudablemente lo que sí es seguro, es que el lugar es especial, y eso que solo vemos una parte de él, pues las autoridades francesas, centralistas como po-

---

11 Para más información ver *La Arqueología misteriosa*, de Michel-Claude Touchard, Plaza y Janés.

cas, en las últimas décadas del siglo XIX, ordenaron la destrucción de cientos de menhires, con la excusa de obtener piedra para los faros de la región, aunque personalmente hemos hablado con estudiosos locales y nos aseguraron que la verdadera razón, habría sido humillar, de manera simbólica, el siempre presente nacionalismo bretón, tan mal visto desde París, y que según algunos autores más radicales, hizo que durante la Primera Guerra Mundial, casi se inmolaran de una manera más que dudosa, gran parte de la juventud bretona, pero nacionalismo y centralismos a parte, el lugar, lo que queda de él, sigue impactando en las mentes de los que visitan aquella población y sus alineamientos.

Alineamientos de Carnac

Durante más de dos siglos, los alineamientos han dado mucho que hablar y han sido muchos los estudiosos que han dado sus versiones al respecto, así el primero de los conjuntos de menhires militarmente formados que se estudió de manera más o menos seria, fue el de la Sauvegère, en el año 1755, y parece ser que se averiguó que existían unas orientaciones preferenciales ligadas a los levantes y puestas de sol, por lo que se le atribuyó una función astronómica. Las investigaciones de A. Thom, permitieron describir el plan típico de un alineamiento a levante, que comportaba una docena de hileras de menhires con, a cada uno de los extremos, un recinto de forma elíptica, conocido como "huevo megalítico". Otras series de filas perpendiculares o alineamientos principales vienen a completar la organización de estos milenarios monumentos, que fueron sin duda construidos en el neolítico medio, entre el 4000 y el 2900 antes de nuestra era, pero admitiendo que algunos monumentos de la zona pueden remontarse hasta mil años antes.

No vamos a extendernos en la importancia de los monumentos megalíticos de este lugar, pues además de los alineamientos existen túmulos (ya hemos citado anteriormente al de Sant Michel), dólmenes preciosos, o el inmenso y misterioso túmulo de Moustoir, un verdadero arcano, pero lo que más popularidad ha dado a esta población bretona son sus numerosos alineamientos de menhires, como soldados de la Madre Tierra, se levantan con castrense disciplina sobre un terreno que emana fuerza.

Los principales son:

Hameau du Ménec, con mil 1100 menhires, colocados en 11 hileras de más de un kilómetros de longitud.

Kermario formado por 1029 menhires, alineados en 10 filas y con una longitud de 1.120 metros.

Kerlescan, con "solo" 594 menhires, más un crómlech formado por 39 piedras enhiestas más.

La Iglesia, siempre muy original en sus explicaciones "científicas", hizo creer durante siglos a sus devotos, que aquellos miles de piedras plantadas en el suelo, se trataban nada más y nada menos, que de un ejército entero de soldados romanos petrificados por el Papa (251-253) San Cornelio[12]. Aún en la actualidad mucha gente conoce estos alineamientos con el nombre de "soldados de Saint Cornely".

Otras teorías nos hablan de "sistemas de cultivos en terraza" (*sic*), pilares de un enorme templo, "señales" para extraterrestres, etc., y la verdad todas y ninguna puede ser verdad, y Carnac, el ejército de Gea, sigue

12   A nivel anecdótico diremos que este pontífice, perseguido por los romanos y que murió a manos de estos en Civitavecchia, no era precisamente un ejemplo de "piedad cristiana", pues elegido Papa en el 251, lo primero que hizo, fue reunir un concilio para excomulgar y perseguir a los seguidores del sacerdote cartaginés Novaciano, los cuales si hemos de creer al historiador Juan Dacio, verdadera autoridad en historia pontificia, y autor del magnífico y voluminoso *Diccionario de los Papas* (editorial Destino) fueron los primeros "cátaros" de la Historia.

allí, imperturbable, guardando su milenario secreto y recibiendo cada años decenas de miles de personas que visitan el lugar con diferentes intenciones; turísticas, profesionales, iniciáticas...

El falo y la vulva:
La sexualidad de la Madre Tierra

Dicen que la Madre Tierra, en ciertas ocasiones, tiene "caprichos" y estos en ocasiones corresponden a extrañas formaciones naturales que nos indican que el lugar es "especial". En algunos casos se trata de rocas que aparentan caras humanas o animales, o incluso imágenes surrealistas, como los "caballos de Ben-Hur" o "El Fraile" ambos en el virginal todavía Cap de Creus (Girona-Costa Brava), "El Indio" de Menorca, el "elefante" de Petra u otras muchas distribuidas por todo el planeta. Podríamos casi asegurar que se trata de simples "casualidades" o "caprichos" de la erosión, pero en algunas ocasiones, casi aseguraríamos que la Madre Tierra nos está dando un mensaje con alguna de estas formaciones, y este sería el caso del observatorio prehistórico de La Pola (Barcelona).

Situado en la sierra del Obac, al oeste de Sant Llorenç del Munt, y muy cerca de la carretera que une la industriosa ciudad de Terrassa con Navarcles, su imagen impresiona solo con verlo. A nivel histórico diremos que se trata de un formidable observatorio astronómico que data aproximadamente del neolítico.

El primero que sepamos, y creemos que único en estudiarlo desde un prisma científico, fue el ingeniero Amador Rebullida Conesa que publicó dos libros sobre el tema, destacando *Astronomía y religión en el neolítico-bronce* (Editorial Ègara). Este investigador después de estudiar durante un tiempo aquel enclave, nos dice en su libro ya citado: *Pensamos que primero, en este conjunto de la Pola, se practicó un culto a la Diosa Madre por los agricultores matriarcales, los cuales subían en romería desde las tierras del llano y que posteriormente derivó a un culto astral del Padre-Cielo.*

Su función como observatorio ya lo estudiamos extensamente en otro libro anterior por lo que no vamos a repetirlo[13], pero lo importante para nuestro trabajo, es que aquel antiquísimo observatorio se erigió en un lugar donde la Naturaleza había esculpido con mano divina, dos símbolos que se compenetran (y nunca mejor dicho) como pocos, una inmensa vulva (recordatorio de que estamos en un lugar sagrado de la madre Tierra, la Gran Partera) y junto a esta, un enorme falo (símbolo de la fecundación masculina).

El falo, es un enorme monolito vertical que supera algo los 9 metros de altura y la vulva, una estrecha cueva que reproduce de manera extraordinaria el

---

13   Para una información más detallada de este espléndido observatorio prehistórico, ver mi libro *Segunda Guía Maldita de Cataluña* (Editorial Bastet).

órgano sexual femenino. En aquel lugar nada falta
para recordarnos que es "especial", pues muy cerca
se encuentra una espléndida fuente, y en sus cercanías algunas cuevas y "balmas". En sus alrededores se
han encontrado diversas sepulturas, posiblemente de
gente que hace siglos o milenios, quisieron ser enterrados en tierra "sagrada". Todo el lugar, alto, som-
brío, boscoso, rezuma sacralidad. No es de extrañar
que nuestros antepasados de la época neolítica deci-
dieran escoger aquel lugar como observatorio, pues
sabían que la Madre Tierra lo había indicado con sus
formaciones naturales, además pudieron sin duda observar, que el sol de invierno, penetraba dentro de la
gran vulva como si quisiera fecundarla, en promesa
de creación y nacimiento gracias a la luz solar.

En diferentes ocasiones hemos viajado a aquel lugar telúrico, y si hemos tenido la suerte de estar solos
(cerca existe un pícnic para los domingueros, algunos
de ellos verdaderos tenores que gritan más que hablan) hemos podido casi "tocar" la energía que desprenden aquellas rocas, y contemplando el conjunto
mágico que forman el monolítico falo y la enorme
vulva, hemos quedado del todo convencido que la
Madre Tierra en ocasiones es una espléndida escul-
tora que sabe dejar sus majestuosas obras para que el
Hombre sepa que aquel lugar, y no otro, es "especial"
y que allí podemos entrar en íntima comunión con las
fuerzas de la Naturaleza.

Silbury Hill: ¿El ombligo
de la Gran Diosa todopoderosa?

Indudablemente el latido mágico de Inglaterra, está situado en las cercanías del pueblo inglés de Avebury (Wiltshire), muy cerca del valle gredoso del río Kennet, donde se halla el conjunto de megalitos y monumentos prehistóricos más importante de todo el país. En aquella pequeña zona, se encuentran desde la tumba prehistórica más importante de Inglaterra[14], hasta el círculo de megalitos conocido más importante de todo el mundo[15], pero lo que nos interesa es su extraña colina artificial, la más alta de toda Europa, y que lleva el nombre de Silbury Hill.

Su altura es de algo más de cuarenta metros, y abarca 2 hectáreas. Su finalidad es para nosotros, en la actualidad, totalmente desconocida. Durante muchos siglos se creyó que se trataba de la tumba de un legendario rey de nombre Sil, el cual se dice que fue enterrado en ella junto con su fiel caballo de guerra, e incluso parece ser que en el año 1723, unos anticuarios (que no científicos) hicieron algunas excavaciones en la parte más alta de su cima, encontrando algunos huesos incalificables, cuernos de ciervo, un cuchillo de hierro y las bridas de un caballo. Otros

---

14   Se refiere a la inmensa tumba de West Kennet, de 104 metros de longitud.

15   Actualmente el inmenso monumento circular está biseccionado por las líneas de las carreteras y el pueblo ha invadido la trinchera exterior.

aventureros y "caza tesoros" intentaron encontrar la mitológica tumba, y así, en 1776, el duque de Northumberland ordenó a sus servidores la excavación de un profundo túnel vertical, que llego al parecer al centro de la colina, a la misma piedra madre, pero no encontró nada.

Silbury Hill

Casi un siglo más tarde, el año 1849, un aventurero de nombre John Meriwether abrió un profundo túnel en el montículo, pero los resultados fueron decepcionantes. Unas excavaciones arqueológicas realizadas con metodología científica en 1967-68 en dicha colina artificial, demostraron que en su interior no existía ningún enterramiento, y que con toda seguridad había sido erigida o empezada a levantar en pleno verano, posiblemente entre julio y agosto, pues en sus capas interiores se pudieron hallar numerosos restos de hormigas voladoras y de hierbas estivales. Los arqueólogos, pese a reconocer su total ignorancia hacia la función que pudo tener aquel inmenso monumento prehistórico, sí que dieron una fecha aproximada para su construcción, que oscila entre el 2750 y el 2660 antes de nuestra era.

Lógicamente, y como no podía ser de otra manera, algunos científicos ortodoxos y "oficialistas", se limitaron a asegurar que "posiblemente" se tratara de un monumento erigido a un importante rey o caudillo del neolítico, e incluso alguno más heterodoxo, creyó que aquel inmenso túmulo, quería representar para sus constructores, el *omphalos* o sea el ombligo del mundo. Otros investigadores más esotéricos, o simplemente más abiertos a las nuevas ideas que afortunadamente empiezan a surgir entre algunos arqueólogos, creyeron que lo que aquellos hombres y posiblemente mujeres de hace casi cinco mil años quisieron representar, fueron ni más ni menos que un enorme y fértil "vientre", o el útero de la Gran Diosa Mater.

Esta teoría ya es comentada en un trabajo de Caroline Humphrey y Piers Vitebski, y personalmente no la creemos desacertada, pues nos encontramos con un trabajo titánico hecho en una época en que la Diosa Mater, era la máxima divinidad de diferentes pueblos, quizá de la mayoría de los que habitaban la antigua Europa.

Utilizada posteriormente por los druidas de la

cultura celta, tiene algo que impresiona, que impone respeto, y un ejemplo de ello, sería que cuando las legiones romanas invadieron las Islas Británicas, se dedicaron a construir unas carreteras totalmente rectas por donde poder desplazarse con toda su impedimenta y bagaje militar, y al llegar a Silbury Hill, tal como dicen los dos autores antes citados, *dieron un rodeo en torno a ella, pues a lo largo del tiempo, este monumento ha inspirado respeto*[16]. También el rey inglés Carlos II, se sintió impresionado ante su visión cuando el año 1663 visitó la zona, y al respecto, el anticuario John Aubrey nos dice: *Su majestad posó su mirada sobre este lugar aunque estaba a una milla de esta, y sintió curiosidad por verla personalmente, subir y andar por ella.*

Posiblemente, aquella zona de Avebury y sus inmensos monumentos prehistóricos, fuera hace casi cinco mil años, un centro de culto a la fertilidad, y en el interesante *Atlas de lo extraordinario* (ediciones del Prado) se nos dice al respecto: *En fechas significativas del calendario agrícola, se celebraban en aquel lugar festivales con danzas, procesiones por sus avenidas y ofrendas a dioses y espíritus de la fertilidad.*

Algunos investigadores creen que en dichas festividades se realizaban sacrificios de animales e incluso quizá humanos, para que la sangre regara el regazo de la Madre Tierra, aunque nosotros sepamos, no se han encontrado restos arqueológicos ni de otro tipo

---

16   *Arquitectura Sagrada* (ver bibliografía).

que nos confirmen estas teorías, pero no podemos descartarlas a priori.

Una de las teorías más aceptadas a nivel "oficial" es la del arqueólogo británico Michael Dames, autor del interesante libro *El ciclo de Avebury,* quien nos dice: *Formaba un conjunto coherente que servía como escenario para un drama religioso que se representaba a lo largo de todo el año, celebrándose en cada edificio, diferentes acontecimientos especiales del ciclo agrícola, en correspondencia con el vital humano*[17].

Miles de personas acuden a este telúrico lugar e intentan imaginar el cómo y el porqué de erigir una enorme montaña artificial. Ya vemos que el "porqué" sigue siendo un enigma, pero el cómo, parece haber sido descubierto por los científicos, y en un trabajo de Leigh Molyneaux, nos dice: *Esta enorme estructura, oculta las capas escalonadas que forman el núcleo del montículo, el cual se construyó en tres fases. En primer lugar escogieron un montículo de poca altura, que más tarde ampliaron formando escalones inclinados de bloques de creta, los cuales reforzaron con muros entrelazados, y seguidamente enlazaron los dos montículos con un tercero escalonado y de mayores dimensiones, construido con bloques de greta en forma de panal y rellenados con escombros, y finalmente rellenaron y cubrieron todo el montículo con tierra y gran cantidad de hierbas.* Curiosamente Leigh da una fecha para esta construcción, muy cercana al 2600 antes de nuestra era, casi coincidiendo con la

17   *Lugares misteriosos* (Tomo primero) varios autores.

construcción de la pirámide escalonada de Sakkara en Egipto y los primeros zigurats escalonados mesopotámicos ¿casualidad[18]?

Allí se levanta desde hace cinco milenios una inmensa colina artificial que guarda posiblemente para siempre, su secreto, pero que con muchas probabilidades esté relacionado con el ancestral culto a la Gran Diosa Mater y los cultos a la fertilidad de la Tierra.

LAS ENTRAÑAS DE LA MADRE TIERRA: LOS TEMPLOS DE MALTA

Cuando el caluroso verano de 1902 se estaban llevando a cabo unas obras en las cercanías de La Valetta (capital de Malta), concretamente en el lugar conocido como Paola, unos obreros descubrieron una gran cámara subterránea. Al bajar a su interior, situado a unos doce metros de profundidad, descubrieron una gran cantidad de cavernas relacionadas entre sí, las cuales guardaban un gran número de huesos humanos. Los contratistas, para evitar retrasos en su trabajo, silenciaron el descubrimiento hasta acabar las obras (esto mismo ha sucedido en otras ocasiones, incluso en la España contemporánea). Cuando el primer excavador científico llegó al lugar, vio que se habían hecho grandes destrozos, y cuando empezó a excavar de manera seria, murió, no dejando o quizá perdiéndose las anotaciones que había tomado.

---

18   *La Tierra sagrada* (ver bibliografía).

Entre 1905 y 1911, el padre de la arqueología maltesa, el incansable sir Themistocles Zammit, llevó a cabo unas brillantes excavaciones en dicho lugar, y descubrió que aquel misterioso enclave, se dividía en tres niveles:

El superior, y que era el más antiguo (hacia el 3300 antes de nuestra era) era un inmenso cementerio, pues se encontraron restos de más de 7000 personas.

El intermedio, parecía ser un templo, con decoraciones en forma de hexágono y espirales en rojo y negro, y varias salas entre las que destaca El Oráculo, donde se pueden escuchar claramente las deformaciones de las voces masculinas, aunque curiosamente en las femeninas no se produce dicho efecto (al fin y al cabo estamos en "casa" de la Gran Madre). Aquí, en este nivel se encontró la célebre estatua conocida como "La Dama Dormida", actualmente en el Museo de La Valleta. Según algunos arqueólogos, esta estatuilla, era de las llamadas de "incubación" y estaban relacionadas con el sueño, ya que al parecer, algunas personas acudían a estos templos a dormir, y mediante el sueño, intentaban ponerse en contacto con la divinidad.

En el último nivel, se encuentran unas salas que parece ser que se utilizaron como sepulturas y otras como almacenes.

Su datación está entre el 3300 y 1800 antes de nuestra era y actualmente se le conoce como hipogeo de Hal Saflieni. En su libro *Malta*[19], Eladi Romero García, doctor en Historia por la Universidad de Barcelona, nos dice que "quizá" se tratara además de un lugar dedicado a la formación de sacerdotisas.

Hipogeo de Hal Saflieni

Sin dejar el archipiélago maltés, con sus tres islas principales de Malta, Gozo y Comino, encontramos otros templos subterráneos dedicados a la Gran Madre Tierra, destacando el de Tarxien, datado últimamente en el 3500 antes de nuestra era, donde se adoraba a una opulenta Mater Gea a la que se sacrificaban en su honor corderos y toros, y en su interior posiblemente existió otro oráculo. La estatua de la Madre Tierra allí adorada tenía una altura aproxi-

19   Publicado en España por ediciones Laertes.

mada de 2,4 metros, de la que solo queda una pequeña parte en el museo arqueológico de la capital. En su interior existen grabadas unas curiosas espirales dobles. Sobre este misterioso símbolo, hablaremos en un capítulo posterior.

Los estudios realizados por la arqueóloga británica Jacquetta Hawkes han demostrado que todos estos templos subterráneos (incluidos los de Tal-Qadi, Tal-Qighan, Ta' Marziena y el de Ta' Hagrat, el más antiguo de los que se conoce y que posiblemente fue erigido en el 3800 antes de nuestra era) estaban directamente relacionados con el culto a la Diosa Madre mediterránea (ver su libro *Atlas del hombre primitivo*).

Sin duda, todo el archipiélago maltés, se convirtió, y mucho más su subsuelo, en un enorme templo dedicado a la Gran Madre Tierra, común a la mayoría de pueblos mediterráneos, y cuyas estatuillas la representan con unas curvas exageradamente opulentas, como buen símbolo de la fecundidad y la abundancia. En un capítulo posterior, veremos que esta veneración y culto a la Gran Madre que se extendió por todo el Mediterráneo hace varios milenios, se vino trasmitiendo desde el Paleolítico Superior hasta épocas históricas[20].

---

20   Ver *El enigma de las Venus paleolíticas*, de José Manuel Gómez-Tavanera.

En las misteriosas entrañas de la Tierra: Capadocia y sus misterios

Sin duda, y como ya hemos dicho anteriormente, los primeros lugares sagrados para el hombre fueron las cuevas, más que por su función de refugio, por ser parte "íntima" de la Tierra, como grandes vaginas fecundadoras. En algunos lugares de belleza extraordinaria, sin embargo por su formación geológica no existen cuevas naturales y el hombre ha decidido trasladar su ancestral sacralidad, a las entrañas del planeta, y quizá uno de los ejemplos más claros lo encontramos en la extraordinaria región que conocemos como Capadocia, en uno de los extremos de Turquía.

Es ante todo una zona volcánica, dominada por los volcanes Hasän Dag, los Melendïz Daglari y cerca de Kayseri, su capital, se encuentra el Erciyes (el mítico monte Argeo de la antigüedad), además de otros de menor importancia.

La formación geológica del terreno la convierte en un gran foco telúrico a lo que además se debe de añadir la misteriosa belleza de sus extrañas formas geológicas que la han convertido en una de las maravillas geológicas de nuestro mundo.

La zona estuvo habitada desde tiempos inmemoriales, y por allí pasaron asirios, hititas, griegos, romanos, bizantinos, persas sasánidas, árabes y turcos.

Cuando estamos en aquella región irrepetible, nos damos cuenta de que son dos los factores que la caracterizan, primero sus inigualables formaciones geológicas y la segunda la tendencia casi enfermiza que han tenido sus habitantes, de vivir bajo tierra.

Monte Erciyes

No por casualidad, en los primeros siglos del cristianismo, los cenobitas que buscaban el lugar preciso y la tranquilidad para practicar el misticismo, escogieron aquella región, donde todo era distinto, así Denis Montagnon nos dice en su libro sobre Capadocia: *Los retiros de Capadocia, con configuración irreal, sedujeron a los aficionados a la vida contemplativa.* Nosotros añadiremos que aquel país es, todo él, un santuario bajo troglodítico.

El hombre no se molestó en levantar grandes ciudades, ni seguras construcciones de obra (algunas sí que hay, pero pocas en proporción), prefirió excavar la roca, la tierra y fabricar sus viviendas pero sobre todo sus lugares sagrados, de manera troglodítica, y el mejor ejemplo se esta obsesión por el interior de la tierra, lo encontramos en el increíble valle de Göreme, donde en una pequeña extensión de terreno, podemos observar que existen docenas, quizá centenares, de iglesias, monasterios capillas, lugares de culto de diferentes tamaños, pero siempre con el mismo denominador común: Haber sido excavadas en la piedra virgen.

Iglesias trogloditicas como la de la Serpiente, la de la Manzana, la de la Sandalia, la Oscura, la de Nazar o la de San Eustaquio, nos están hablando de una sacralidad y un espíritu religioso casi enfermizo, pues existen casi tantos lugares religiosos como civiles, o quizá más.

En su interior vemos que aquellos constructores decoraron las frías paredes con diferentes símbolos religiosos, entre los que destacan unas cruces rojas extraordinariamente parecidas a las cátaras. No sabemos si algún estudioso ha hecho un trabajo de investigación sobre la simbología de todos aquellos miles de dibujos plasmados en las paredes, pero sin duda podría ser desde el punto heterodoxo, de gran interés, y solo pondremos un ejemplo, en el monasterio troglodítico de Yilani Kilise (conocido como la iglesia de la Serpiente), algún desconocido artista, plasmó hace unos 14 siglos, la lucha de San Jorge, con una inmensa serpiente (no con un dragón). ¿Quiso aquel hombre plasmar la lucha del cristianismo (San Jorge) con las viejas creencias (la serpiente)?, o quizá nos indicó que allí, existen poderosas fuerzas telúricas (generalmente representadas como serpientes en diferentes culturas) y que podemos aprovechar sus beneficios. En su lúgubre interior, podemos aún hoy observar una gran mesa recubierta con una losa de piedra destinada a los monjes y que por su tamaño nos indica la importancia monástica que tenía aquel monasterio troglodítico hace muchos siglos.

Una visita al valle de Göreme no deja de impresionar a los viajeros, pues parece que estamos ante un gigantesco queso Gruyer.

Valle de Göreme

Cuando entrevistamos a un arqueólogo o historiador especializado en aquella región nos asegurará, sin duda, que aquellas construcciones troglodíticas se hicieron para aprovechar el terreno, y nuestra pregunta es ¿solo el terreno? La cosa se pone mucho más difícil cuando nos hablan de sus inmensas ciudades subterráneas, y dejamos bien claro que se trata de verdaderas ciudades, no de pequeñas viviendas. En algunos casos se hunden hasta los 120 metros en las extrañas de la tierra, y estuvieron habitadas por miles de personas.

Cuando hasta hace pocos años preguntabas a los "científicos" sobre estas extrañas ciudades excavadas en lo más profundo de la tierra, siempre y sin lugar a dudas, te aseguraba, yo diría que dogmatizaban respondiendo que "todas" habían sido excavadas durante los siglos VII al X de nuestra era, por los cristianos que habitaban la zona, para defenderse e incluso ocultarse de los invasores árabes.

Recuerdo que en una ocasión, leyendo un libro de Von Däniken, (*El oro de los dioses*) este polémico autor aseguraba que se habían construido (tendríamos que decir excavado) para ocultarse de los "dioses" venidos de las estrellas y que podían vivir en ellas, hasta 60.000 personas, lo que es una exageración, pues al parecer jamás pasaron de las 20.000.

Personalmente recorrí algunas de ellas y siempre tuve la duda de su origen, pero en mi última estancia en tierras turcas, saltó la sorpresa, y creemos que por su importancia y por el secretismo que le han dado las autoridades científicas de la región, vale la pena tratar extensamente.

EL MISTERIO DE LAS CIUDADES SUBTERRÁNEAS: PATADA A LA ORTODOXIA

Yo conocía bien Capadocia, pero hace algunos años siendo corresponsal de la desaparecida revista *Misterios de la Arqueología y del pasado*, publiqué un extenso trabajo sobre los últimos descubrimientos relacionados con estas extrañas ciudades. Por su interés, reproducimos una parte de dicho trabajo[21].

"Altísimas columnas coronadas con piedras oscilantes, inmensas colinas agujereadas como un queso Gruyer, cientos de iglesias excavadas en la roca, miles de kilómetros de tenebrosos túneles formando ciudades subterráneas, todos estos elementos que parecen formar parte de un inmenso collage a medio camino entre un paseo onírico del genial Antoni Gaudí *y las pesadillas de* Lovecraft, *forman Capadocia.*

Hasta hace pocos años, los arqueólogos habían excavado 36 de estas inmensas obras de ingeniería que, según se creía, se remontaban a los antiguos cristianos que habitaron la zona entre los siglo VII y X y fueron construidas por aquellas gentes para defenderse de las razzias que asolaron la región en aquellos tiempos.

---

21   Para quién desee toda la información aparecida en este trabajo, el mismo se publicó en el número 12 de la revista antes mencionada.

Fue hace tres años cuando la casualidad llevó a un grupo de investigadores turcos a entrar en lo que era una ciudad subterránea totalmente virgen. Lo que en un principio parecía que iba a ser una excavación rutinaria más, como las que ya se habían realizado anteriormente, se convirtió en una gran sorpresa, pues ante los impresionados ojos de los arqueólogos aparecieron cientos de objetos que se remontaban ni más ni menos (al parecer) a los antiguos hititas, pueblo indoeuropeo que hace más de 4000 años se estableció en Asia Menor y que mantuvo grandes enfrentamientos con los egipcios y otras potencias cercanas.

Aquel descubrimiento demostró que no todas las ciudades subterráneas habían sido construidas en la Edad Media, tal como se aseguraba hasta entonces, sino por una antigua cultura, capaz de erigir ciudades maravillosas como Hatussa.

Estilizadas ánforas de una sola asa, cuencos de barro cocido, puntas de flecha de bronce, y otros objetos fueron apareciendo ante el foco de luz de los arqueólogos.

Tras dicho descubrimiento parecía que la historia de Capadocia se había de reescribir, pero surgió una pregunta de difícil respuesta ¿para qué o para defenderse de quién, construyeron los hititas estas formidables ciudades subterráneas? Durante su etapa de esplendor, los hititas tenían en aquella zona muchas construcciones militares, suficientes para rechazar a cualquier enemigo, sin necesidad de mantener estas inmensas construcciones, que como en el caso de Derinkuyu (que significa "pozo profundo") tiene doce pisos de profundidad (y aún hay zonas por excavar pues existen pasadizos totalmente cegados por grandes piedras) o la ciudad de Kaymaikly, con siete niveles hoy conocidos, y que tiene un túnel de nueve kilómetros que la une con la anterior ciudad y que atraviesa las actuales ciudades de Nidge y Nevsehir.

Parece ser que también otras culturas posteriores ya conocían la existencia de estas ciudades, como es el caso de los romanos, de los que se han encontrado en sus pozos de ventilación, algunos restos arqueológicos.

Todos estos descubrimientos hechos por arqueólogos turcos, alemanes y norteamericanos nos demuestran que en tiempos muy anteriores al cristianismo, ya estaban construidas, si no todas, sí algunas de estas misteriosas ciudades.

Cuando se adentra uno en ellas, la perplejidad nos deja sin habla, pues en su interior pueden observarse, además de los larguísimos túneles, salas de reunión, lugares para el culto, cocinas inmensas, puestos de guardia, los cuales en algunos casos aún conservan una inmensa piedra redonda para cerrar el acceso en caso de ataque, almacenes, silos, etc.

Tienen además una perfecta red de canales de ventilación, a veces casi de imposible construcción "aún en la actualidad" (recordemos que en algunos casos la profundidad supera los 100 metros). Según el ingeniero turco Deliki Hijlar, deben existir como mínimo 2000 kilómetros de *galerías subterráneas, lo que equivale a cientos de kilómetros de canales de aireación.*

Pero todavía podemos rizar más el rizo, pues según las últimas investigaciones del historiador turco Ömer Demir, cabe plantearse una pregunta: Si tal como parece los hititas solo contaban con herramientas de bronce para excavar estas ciudades, ¿no pudiera ser que esta gente se limitara solamente a aprovechar las construcciones hechas por otra cultura hoy desconocida?

Actualmente se conocen casi 140 de estas ciudades subterráneas, pero puestos al habla con investigadores de la universidad de Estambul, nos aseguraron que debido a sus escasos medios económicos, un estudio amplio de estas ciudades es actualmente imposible"[22] .

Hasta aquí los últimos datos que tenemos sobre estas misteriosas ciudades que como vemos, tan siquiera se sabe con toda seguridad quién las excavó, pues mientras unas sí que pueden ser de origen altomedieval, otras hacen remontar sus orígenes miles de años atrás.

Lo que sí que podemos remarcar, es que en aquella zona volcánica, donde la Naturaleza ha moldeado unas formas caprichosas, casi de ciencia-ficción, el hombre desde hace milenios ha escogido para vivir,

---

22   En mi libro *La sonrisa de Chac* (editorial Corona Borealis), relato extensamente, aunque de forma novelada, los últimos datos sobre el misterio de las ciudades subterráneas de Capadocia.

no las soleadas tierras, sino las entrañas del planeta, quizá con la convicción de que en su interior, existen unas "fuerzas" que le ayudan a estar en contacto con sacralidades desconocidas, y el increíble número de iglesias trogloditicas del valle de Göreme y la proliferación en la antigüedad de cenobitas, "buscadores de Dios", así nos lo indica.

Petra, la fabulosa y misteriosa Ciudad Rosa

Hemos visto anteriormente que en la maravillosa Capadocia el hombre se empeñó en excavar la superficie de la Tierra no solamente para protegerse y defenderse, sino y principalmente, para erigir sus templos. Esto se repite con igual intensidad en la maravillosa ciudad nabatea de Petra, la "joya de la corona" del país jordano.

Edomitas, nabateos, griegos, romanos, cristianos bizantinos, todos ellos pusieron sus dioses en los majestuosos templos excavados en la piedra virgen.

"Oficialmente" los primeros constructores de los templos de Petra, fueron los nabateos, que hacia el siglo III antes de nuestra era, se habían instalado en aquel circo natural rodeado de grandes montañas. Su prosperidad se debió al comercio de las caravanas, ya que las distintas rutas convergían en este extraño oasis; el comercio de la India y de Arabia llegaba al Mar Rojo a través de Petra antes de alcanzar el Mediterráneo, y las rutas procedentes de Mesopotamia, atravesaban Petra dirigiéndose al país de los faraones.

Este pequeño reino, y pese al poder de Roma, fue capaz de permanecer independiente hasta el 106 de nuestra era, momento en el que el emperador romano de origen español Trajano, convirtió a Petra en una provincia romana.

Aquel lugar era tan inexpugnable y remoto, que desde los tiempos de la cruzadas en que los "guerreros de Dios" estuvieron algunos años en la zona, se perdió su verdadera ubicación, quedando solamente como una leyenda, la cual volvió a ser realidad cuando en el siglo XIX, el explorador suizo John Lewis Burck-hardt, acompañado de un beduino, descubre Petra (1812).

Petra, Jordania

Desde entonces su fama se ha acrecentado e incluso el director de cine Steven Spielberg rodó parte de una de las aventuras de Indiana Jones (La última cruzada) en dicha ciudad. Pero a pesar de esta fama, no empezó a ser excavada por profesionales hasta 1924, en que miembros de la Escuela Arqueológica Británica en Jerusalén, empiezan la titánica labor de excavar la inmensa ciudad; aún hoy apenas se han excavado un 10 por ciento de toda su extensión, y millones de restos de cerámica de diferentes culturas, son pisados por los turistas, antaño numerosos, pero en nuestra última visita a la ciudad, muy escasos, gracias a la "labor" de Bin Laden y su "proeza" del 11 de septiembre, que está llevando a la ruina el negocio turístico jordano (tras hablar personalmente con ellos, la mayoría de beduinos, sienten una gran simpatía hacia el popular terrorista internacional)

Solamente la entrada a la ciudad, que se realiza por un larguísimo desfiladero llamado "Siq", nos indica que estamos en un lugar "diferente". Con sus 1200 metros de longitud, y tras dejar atrás las extrañas y misteriosas "Torres de la muerte", donde se dice que habitan los "dijnns" (espíritus) y que parecen representar a unos primitivos dioses pétreos, nos encontramos con unos muros de casi 100 metros de altura, donde las extrañas formaciones geológicas y los distintos y maravillosos colores que toman las rocas, nos hacen volar la imaginación y parece que entremos en un mundo onírico. Dejamos pequeñas y antiquísimas capillas donde se adoraban los betilos que representaban a su principal dios, Dushara. Los betilos sagrados nos rodean, muchos de ellos casi totalmente erosionados y que como un gigantesco y pagano *vía crucis* nos va llevando al sagrado valle de Petra.

Al girar un recodo del desfiladero vemos, de pronto, el majestuoso templo conocido como "El Tesoro", (debe su nombre a la supuesta existencia de un tesoro dentro de una gran urna que corona el edificio) del que alguno aseguran que se trata de una tumba, pero que se puede apreciar que se trata de un inmenso templo excavado en la roca virgen, con unas preciosas columnas corintias. Las imágenes esculpidas en la piedra, representan diferentes deidades y divinidades nabateas. Tiene 2000 años de antigüedad.

A partir de allí, cada cual puede escoger el camino que más le plazca, pues templos, tumbas, circos, cientos de agujeros y construcciones forman la "Ciudad Rosa", todos ellos excavados en la piedra virgen. Los templos, majestuosos en muchos casos, son, utilizando un léxico informal, "todo fachada" pues el interior decepciona, pero en el poco espacio dedicado al culto, se nota una sensación "especial", el pensamiento viaja a tiempos pretéritos, y la imaginación nos embarga con extrañas visiones.

Todo en Petra, con sus muchísimos kilómetros cuadrados, es piedra y sacralidad, y entre todo aquel derroche de tumbas y majestuosos templos, destaca con luz propia su "Monasterio", inmenso templo situado algo lejos del centro de la ciudad, y a donde nos conduce una escalera con 850 escalones. Mientras ascendemos, los beduinos intentarán vendernos falsificaciones arqueológicas en un aceptable inglés, aduciendo que las saquean por las noches de las muchas tumbas todavía ignoradas por los arqueólogos (y que son una realidad como pudimos ver). La llegada al Monasterio es todo un acontecimiento, pues nos encontramos ante un templo de impresionantes dimensiones, rodeado de altas montañas y que no por casualidad, y pese al cambio de religión, siguió siendo considerado lugar sagrado, y así en los primeros siglos del cristianismo, lo vemos convertido en un monasterio (de aquí su nombre) para los monjes bizantinos. Cuando la luz se va amortiguando, el sol se pone y se acerca el anochecer (no aconsejamos, por peligroso, pasar la noche en las ruinas), vale la pena entrar en este viejo templo, descalzarse, y mirar sus formaciones geológicas. Se nota la fuerza de la Naturaleza, cierta alegría te invade, pese al cansancio que supone subir varios cientos de irregulares escalones, y entonces comprendemos cómo y por qué, los nabateos, y con toda seguridad pueblos anteriores (muy cerca, en el norte de dicha ciudad, en el lugar conocido como Al-Beida, se ha encontrado un yacimiento arqueológico con más de 9000 años de antigüedad) y después los cristianos bizantinos, perforaron la piedra, la trabajaron magistralmente y decidieron construir casi todos sus templos, no al estilo clásico, bajo el cielo, sino en el interior de la Tierra, utilizando para su construcción, la piedra virgen.

Aquellos templos tuvieron como huéspedes a los dioses nabateos, quizá antes a los edomitas, después a los romanos y finalmente a los santos cristianos, pero sin duda, el poder, el "factor sagrado" de Petra, está en la "piedra" que le da nombre, "Petra" es la ciudad de los mil colores, pero que por encima de todo se encumbra de rosa cuando se pone el sol.

Sobre la sacralidad del lugar, terminaremos diciendo que en las cercanías, y tras sudorosa y dura caminata, se encuentra en lo más alto de una montaña, un pequeño morabito árabe que se dice fue construido en el siglo XIV, nada más y nada menos que sobre la tumba de Aarón, el avispado hermano de Moisés.

Todo en Petra desprende majestuosidad, pues hasta algo tan terrenal como un circo o teatro romano, está excavado en la roca virgen. Allí la verdadera "divinidad" es la piedra, y no creemos que sea casualidad que las primeras deidades nabateas, y principalmente su dios fundamental Dushara, como dice el periodista y viajero catalán Enric Balasch[23] *todo parece indicar que su dios Dushara, vivía en una roca.*

Petra y sus templos excavados en la roca, son un clásico ejemplo de la obsesión del hombre por rendir culto a sus divinidades dentro de la Tierra primigenia.

---

23   Este viajero es autor del libro *Petra, el enigma del desierto*, (Ediciones Contraste), trabajo que hace un detallado estudio sobre los enigmas de dicha ciudad.

La cicatriz de la Gran Diosa:
Telurismo y espiritualidad en el País Dogón

Si aceptamos que una zona concreta del planeta, y debido a sus fuerzas telúricas, puede influenciar en sus habitantes, debemos de poner como ejemplo uno de los lugares más espectaculares que conocemos, todo él rodeado aún en la actualidad de enigmas y misterios; nos estamos refiriendo a la falla o *Falaise* de Bandiagara.

Esta inmensa cicatriz de la Tierra, está situada en la actual república de Mali, y tiene una extensión de 200 kilómetros. En este formidable desfiladero, vive desde hace siglos uno de los pueblos más misterioso de nuestro mundo: los dogones.

De este pueblo se han escrito en los últimos años decenas de libros y cientos de reportajes, y la verdad es que su cultura se lo merece, y sus grandes misterios aún hoy por interpretar, todavía darán mucho que hablar.

El verdadero origen de esta etnia, es muy difícil de precisar, si bien sabemos con toda seguridad, que no son autóctonas de aquella zona. Por su lengua, que pertenece al subgrupo del voltaico, que pertenece al conjunto lingüístico conocido como *kwa*, parece ser que pudieron tener sus orígenes en algún lugar remoto del surcentro del oeste africano.

Falaise de Bandiagara

Los estudiosos no se ponen de acuerdo en su historia, pues mientras unos creen que estos dogones pertenecieron en la antigüedad al Imperio de Ghana, hasta que fue destruido por los almorávides, otros los sitúan como vasallos del Imperio Mali, y más concretamente de la dinastía Keita, y algunos incluso los hacen disidentes del Imperio Songhai[24]. Lo que sí que

24   Para quien quiera profundizar en las misteriosas culturas antiguas que habitaron el África negra, recomendamos la interesante obra *La Historia empieza en África* de la que es autor Basil Davidson, publicada en castellano por Ediciones Garriga.

parece ser cierto y en lo que la mayoría de estudiosos coinciden, es que en un momento de principios del siglo XIV, seguramente huyendo de la islamización que sufría una gran parte de África, se dirigieron hacia la falla de Bandiagara.

Al llegar encontraron que aquella increíble maravilla geológica ya estaba habitada por otro pueblo todavía más misterioso y que ellos denominaron peyorativamente *hombrecillos de rojo*, y que actualmente los antropólogos llaman "tellem".

Estos "hombrecillos" eran sin duda una numerosísima tribu de pigmeos cazadores, que durante generaciones, quizá milenios, habían construido sus ciudades y cementerios en las paredes verticales de la Falla, en íntima comunión con la piedra virgen.

Los pobres pigmeos, prácticamente parece ser que no ofrecieron resistencia a sus invasores. Es curioso que entre los dogones se sigue contando que estos "hombrecillos", podían "volar", lo que ha creado cierta inquietud entre los científicos, aunque lo han resuelto como ya es habitual en estos casos, asegurando que se trata de un "simbolismo" que se refiere a que vivían en lugares casi inaccesibles (*sic*). Cuando hablas con un dogón, gente amable y sencilla donde la hubiere, todos coinciden en asegurar que aquellos "hombrecillos" tenían poderes mágicos ¿a qué se refieren?

Pero el enigma va más allá, pues las poquísimas

excavaciones arqueológicas que se han hecho en la Falla de Bandiagara, han dado a conocer bajo los estratos de viviendas y construcciones de los "tellem", una cultura antiquísima y muy anterior a estos pigmeos y que casi con toda seguridad fueron los verdaderos constructores de las ciudades empotradas en los acantilados.

Otra vista de las casas de Bandiagara

Podríamos dejar volar la imaginación y especular sobre qué pueblo fue el primero en levantar las extrañas ciudades colgantes en los inmensos muros de aquel gigantesco desfiladero, e incluso y debido a los símiles que existen en algunos aspectos, entre ciertos conocimientos de los habitantes de la Falla y los egipcios, se podría preguntar alguien, si este misterioso y primigenio pueblo que habitó Bandiagara, no podía tratarse de algún grupo originario de la tierra de los faraones, pues no hemos de olvidar, que los dogones tienen una cosmogonía (seguramente heredada de un pueblo anterior) muy parecida a la egipcia, y que gracias al antropólogo francés Marcel Griaule, que habitó en la aldea de Sanga, y fue adoptado por los dogones, hoy conocemos "en parte". Entre las semejanzas con los egipcios, podemos señalar, el culto a los "cocodrilos sagrados", el cual aún está muy vigente en el precioso poblado de Amani, pero que en secreto es común a casi todos los dogones (al igual que los antiguos habitantes del País del Nilo).

No vamos a adentrarnos en los conocimientos y la cosmogonía dogón, pues muchos investigadores han escrito libros monográficos sobre el tema, destacando el magnífico trabajo de Robert K. G. Temple titulado *El misterio de Sirio* (ediciones Martínez-Roca), pero sí que indicaremos que los dogones conocían desde hacía siglos, la existencia de una estrella que no fue conocida por los científicos hasta el año 1970, y que ya era "supuesta" por algunos astrónomos, pues Temple nos dice al respecto en su libro antes citado: *Un astrónomo estuvo a mediados del siglo pasado, largo tiempo contemplando a dicha estrella (Sirio) y se dio cuenta que no estaba quieta, se tambaleaba. El hombre se enfadó. No sin trabajo sacó la conclusión de que Sirio, se tambaleaba por efecto de otra tremendamente pesada y maciza que giraba a su alrededor.*

El fallo de dicha conclusión, es que no había realmente una estrella gigante que girara alrededor de Sirio, sino que junto a ella, había una cosa diminuta que giraba cada 50 años alrededor de dicha estrella, por lo que se dio a una el nombre de Sirio A, mientras a la pequeña se le llamaba Sirio B, y aún hoy hay quien asegura que existe una Sirio C.

Pero dejemos su misteriosa cosmogonía, que aún hoy nadie ha podido desvelar su origen y sigamos con nuestra Falla.

Las excavaciones que han revelado la existencia de un pueblo antiquísimo, no han descubierto, que sepamos, ninguna herramienta de guerra, entre los muchísimos restos arqueológicos que dejaron los "hombrecitos de rojo" tampoco se han encontrado armas, y cuando hace setecientos años aproximadamente llegaron los dogones en plan conquistador, se supone que contaban con una importante fuerza armada, pero después se convirtieron en un pueblo pacífico, honrado y tremendamente hospitalario ¿tendría la culpa de este espíritu de paz las fuerzas que indudablemente se concentran en la Falla?

Los dogones siguen guardando sus tradiciones, que solo se trasmiten de forma oral y entre ellos, y después de convivir con ellos algunos días, pudimos ver que esta manera "auténtica" de ser y comportarse, estaba en peligro debido al cada vez más numeroso turismo de aventura que llega a la Falla.

Cuando viajes a la Falla, las ganas de dormir al raso, sobre la tierra virgen y mirando el cielo increíblemente estrellado (pero con el inconveniente de la voracidad de los mosquitos) es común a muchos de los viajeros que hemos llegado a este lugar "mágico" donde los haya. Haciendo *vivac* entre los muros de las ciudades fantasmas colgadas en la Falla, te das cuenta de que esas "fuerzas" fluyen, tus pensamientos se ensanchan y quizá, sientes aquello tan famoso que llamamos la "llamada de África".

Aquella gente sigue practicando la magia y el autor, incrédulo como el que más, ha sido testigo de verdaderos prodigios por parte de sus "iniciados", que solo pueden ser posibles conociendo (no nos atrevemos a decir dominando) los secretos de la Naturaleza.

Es lugar de concentración, sus pinturas rupestres nos indican que estamos en un lugar sagrado (un conocidísimo pintor español, concretamente el mallorquín Miquel Barceló, ha escogido tan agreste lugar para edificar su casa-estudio y poder recoger la "inspiración" necesaria para su obra), los antiquísimos cánticos de los nativos nos hablan de un tiempo perdido, y solamente nos vela el pensamiento imaginar que algún día, posiblemente muy pronto, aquella maravilla geológica que es la Falla de Bandiagara, se llene de hoteles para turistas bulliciosos, deseosos de fotografiarse con los dogones para poder explicar sus "aventuras" africanas a los vecinos.

Bandiagara, y principalmente su Falla, siguen siendo aún hoy, una inmensa cicatriz de la Madre Tierra, por donde fluyen sus fuerzas como vena abierta que desborda su sangre, y esa "fuerza" es la que sin duda ha llenado de espiritualidad a uno de los pueblos más hospitalarios, espirituales... y misteriosos que conocemos.

EL CAÑÓN DEL RÍO LOBOS, SAN BARTOLOMÉ: TELURISMO Y TEMPLARIOS (CON LA COLABORACIÓN DEL EQUIPO ACEF)

"El hombre ante lo que desconoce racionalmente, aplica instintivamente la magia y la consciencia religiosa".
JUAN GARCÍA ATIENZA, escritor, director de cine y filólogo valenciano, padre de las "guías mágicas" en España.

Solamente los más ortodoxos y cerrados historiadores son capaces en la actualidad, de no admitir que los caballeros de la Orden del Temple, los templarios, escogían ciertos enclaves, no solamente por su función militar y estratégica, sino por otros factores muy distintos, entre los que destacan el haber sido lugar de cultos ancestrales, algunos tipos de fenomenología paranormal, o el hecho de "saber" que el lugar en concreto era un poderoso punto energético relacionado con las fuerzas de la Madre Tierra. Conocemos algún autor que supone que esta tendencia de apropiarse de antiguos lugares sagrados y de culto, se realizaba debido a que de esta manera tan singular, los templarios sabían que podían dominar "espiritualmente" (y por lo tanto política y económicamente) a las gentes de la zona, teoría que no descartamos.

No vamos a intentar escribir una "guía templaria" que ya las hay y algunas francamente buenas y aceptablemente completas, al menos de España y Francia, pero sí que hemos escogido para este libro, un lugar que representa como pocos, esa comunión que existió durante más de dos siglos, entre templarios y lugar de poder o foco telúrico; nos estamos refiriendo al impresionante Cañón del Río Lobos.

El Cañón del Río Lobos

Un amplio reportaje sobre este lugar, publicado hace algún tiempo en la revista de historia y viajes "La Espiral"[25] y del que era autor, su editor y director Josep Maria Roselló, hizo que decenas de personas se interesaran e incluso según tenemos entendido (por correo ordinario y electrónico recibidos en la redacción) se desplazaran a aquel lugar para observar sus maravillas naturales y poder adivinar, intuir, casi saborear el telurismo que todo el enclave rezuma.

El primer impacto visual, ya nos indica que estamos en un lugar "especial", pues el largo desgaste ocasionado por millones de años de erosión, han creado caprichosas forman que crean un ambiente onírico, casi sobrenatural y totalmente mágico. El punto "sagrado" de esta maravilla pétrea, situada a caballo de las provincias de Soria y Burgos, es la ermita de San Bartolomé, situada casi en el centro de un circo kárstico por el que transcurre el río, serpenteando como céltica "wuivre" entre rocas y paredes, llenas de infinitas oquedades, posiblemente habitadas en tiempos ya olvidados, incluso prehistóricos, pues una antigua leyenda nos habla de la existencia en dicho lugar, de un dolmen actualmente desaparecido.

Las pequeñas y no tanto, grutas que llenan el lugar, parece ser que fueron en la Edad Media, principalmente en los primeros siglos del cristianismo, lugar de oración y contemplación de ancestrales eremitas que buscaron la Paz y la Fuerza del lugar.

---

25   *La espiral del Conocimiento*, número 7, septiembre-octubre del 2002.

Justo delante de la ermita, se encuentra la impresionante Cueva Mayor. Su entrada está situada en el vértice de un ángulo que forman las confluencias de dos inmensos paredones que tiene una altura superior a los 40 metros. Si realmente hubo bajo la actual ermita un dolmen hace milenios, encontraríamos la comunión perfecta entre la "cueva natural", fabricada por las fuerzas de la Naturaleza, y el dolmen, símbolo de esa "cueva artificial", de esa vagina hecha por el hombre como homenaje a la Gran Madre.

La entrada a la inmensa cavidad, tiene unas dimensiones aproximadas de 20x10 metros en cuanto a altura y anchura. En épocas de grandes y generosas lluvias, el agua gotea y resbala por las frías y lisas paredes, un agua que quizá en tiempos pretéritos formaba un arroyo cristalino que se dirigía al muy cercano río Lobos, el cual trascurre sereno, plácido, nos atreveríamos a decir que casi lleno de sabiduría, entre la ermita y la inmensa cueva.

La gruta tiene una profundidad aproximada de 50 metros, con una forma cónica y en su interior se encontraron diversos restos arqueológicos, que actualmente están en el Museo Arqueológico de Soria. Construida en el siglo XIII, es de hechura románica, aunque unos arcos ojivales en su entrada, delatan una aproximación al gótico.

Parece ser que no existe documentación, al menos que nosotros sepamos, que confirme su identidad

templaria, pero la simbología presente en caneci-
llos y tragaluces, estos últimos de clara inspiración
sufí, delatan una muy directa relación con la orden
templaria. Otro aspecto a favor de esta teoría, es que
este edificio, está dedicado a un santo por el que los
templarios sintieron verdadera devoción, y así en el
libro *Santoral Diabólico* de García Atienza[26], leemos
que *La Regla (del Temple) en su artículo LXXIII, incluye
su fiesta (de San Bartolomé) entre las pocas en la que los
caballeros tendrán que guardar ayuno, y en muchos de los
lugares que ocuparon, se le rindió culto hasta mucho después de la supresión de la Orden.* Creemos por lo tanto
que la relación entre este enclave y los caballeros del
temple fue más que factible.

Indudablemente, de origen templario (teoría que
defendemos) o no, como las mentes más "oficialistas"
aseguran, en este sector del río Lobos, desde tiempos
inmemoriales, grupos de "buscadores" de lo ancestral supieron, por intuición o por una tradición actualmente perdida, que existía un gran potencial de
fuerza intraterrestre que podía conceder a quien allí
habitara, unos estados de consciencia o místicos muy
superiores a los que podían llegar en otros lugares
"normales". Piedra, agua, siempre el agua, y esas cuevas que representan al útero de la Gran Madre, están
allí presentes, dando a quien lo quiera un mensaje no
escrito en papel ni tan siquiera en la piedra, sino en el
mismo aire que rodea este enclave que curiosamente,
y quizá no sea por pura casualidad, dista la misma

---

26   *El Santoral diabólico,* Martínez Roca editores.

distancia de dos de los puntos telúricos más importantes de toda la Península Ibérica, el Cap de Creus (Girona) y el gallego Finisterre: ¿Casualidad[27]?

EL CAMINO DE LAS ESTRELLAS:
EL CAMINO DE SANTIAGO

> *Las piedras y las estrellas deben de estar en estrecha*
> *comunicación para que el templo funcione.*
> JAVIER SIERRA ALBERT *(Las Puertas Templarias),*
> *Premio Planeta 2017.*

En la década de los años setenta del pasado siglo, cayó en mis manos un curioso libro de ese "arcano humano·" que era Louis Charpentier (quizá detrás de ese nombre exista algo más que una persona), se titulaba *El misterio de Compostela* (Plaza y Janés). En mi juvenil mente se hizo el propósito de hacer aquel "misterioso" camino acompañado de mis inseparables y añorados *Boy Scouts* pero problemas familiares y seguidamente el ya desaparecido "servicio militar" no me lo permitieron.

En abril y mayo del 1992, con una mentalidad to-

---

27   A finales de enero de este año (2003), hemos tenido conocimiento de una expedición totalmente científica a este lugar por parte de científicos (geólogos) barceloneses para poder contrastar las fuerzas telúricas de este enclave. Nos han comentado que llevarían entre otros aparatos, un magnetómetro de protones, del que hablaremos en el capítulo décimo, titulado "¿Se pueden medir las fuerzas telúricas?".

talmente distinta, pues ya no era un adolescente ni tan siquiera católico, realicé aquel "camino"; sinceramente más por aventura que por devoción. Fruto de aquella experiencia inigualable fue una pequeña serie de televisión para TV Barcelona que jamás llegó a emitirse por la desidia profesional de quienes llevaban por aquel tiempo dicho canal municipal y un libro que tuvo muy buena acogida *Guía mágica del Camino de Santiago (De Puigcerdà al Finisterre por el Camino de las Estrellas)* de ediciones Indigo. Tras realizar "mi" particular peregrinación y haber leído todo lo que sobre el Camino de Santiago se había publicado en castellano y catalán, llegué a la simple convicción, de que aquella línea de más de mil kilómetros que surca el norte peninsular, era mucho más que un "camino" para visitar la tumba del apóstol Santiago, que por cierto ya sabemos con toda seguridad que JAMÁS estuvo en España.

Desde tiempos inmemoriales, y por razones que desconocemos o al menos no tenemos seguridad de que así fuera, (hay quien asegura que fue una búsqueda de los "maestros" que hace unos 12000 años llegaron al Finisterre) diferentes pueblos recorrieron esta "autopista telúrica" para llegar al Finisterre, ese "final de la Tierra" aún misterioso y arcano. La cristiandad, sencillamente a partir del siglo IX decidió aprovechar aquel "camino ancestral" por razones sociales y sobre todo políticas, con la función de reconquistar y fortalecer una parte del territorio ante los invasores musulmanes y así mientras en concilios como los de Roma (año 880, Canon XXXVII) o Magenta (año 888, Canon X) se aconsejaba a los obispos y abades no "dejar embarazadas a sus hermanas" (el incesto entre este tipo de gentes estaba a la orden del día), o no vivir con "dos mujeres" a la vez, también se aconsejaba o se promocionaba, "peregrinar" a Santiago de Compostela[28]. Pensemos que actualmente se pone incluso entredicho la existencia de una batalla de Clavijo, donde según la tradición, el rey de León Ramiro I, venció a las huestes del sarraceno Abderramán con la supuesta ayuda de Santiago "matamoros".

La verdad es que desde ese mismo momento, el camino se "populariza" y millones de personas lo recorren durante toda la Edad Media, y en su recorrido se afincan todo los grupos esotéricos que podamos imaginar, desde eremitas actualmente desconocidos, hasta los siempre misteriosos caballeros del Temple, que desde su inmenso castillo de Ponferrada (más otras edificaciones menores) vigilan la integridad del Camino.

La línea telúrica que recorre este "canal peregrino" sigue con desconcertante exactitud, dos regueros de estrellas, que "viajan" de este a oeste. La primera línea que está situada más al sur y es la clásica, tiene cerca de 1000 kilómetros, y une Cataluña con Galicia.

---

28   Para el lector "limpio" y libre de prejuicios que se interese en el tema de las degeneraciones sexuales del clero en aquella época, les recomendamos consultar el libro *La lujuria del clero* según los concilios publicado en Barcelona por Librería Pons.

Nace en el "pic de l'Estelle" (pico de la estrella) en la actual Cataluña Norte y con sus 320 metros de altura, se encuentra a 42° 30´de latitud (muy cerca de Banys de Boulou). Continúa hacia el "Puig de l'Estelle" (monte de la estrella) de 1738 metros de altitud y situado también a 42 ° 30 ´ cerca de la Tour de Batère. A unos 22 kilómetros hacia el Oeste, se encuentra el "Puig de Tres Esteles" (pico de Las Tres Estrellas) con una altura de 2096 metros de altitud, igualmente a 42° 30´.

Al otro lado a casi 380 kilómetros en línea recta, nos encontramos con Estella (La Estrella) que en lengua vasca se denomina *Lizarra*, situado a 42° 40´y muy cerca según un estudio de Charpentier, nos encontramos con *Licharra*, posible deformación de *Lizarra* situada a 42° 36´.

Y desde allí se dirige hasta Compostela (Campo de la Estrella). En este caso vemos que sobre la Tierra, se ha intentado reproducir lo que está en "el cielo", al igual que parece que se intentó hacer con las más antiguas catedrales góticas francesas, reproduciendo la constelación de Virgo (ver *las Puertas Templarias*, Javier Sierra) o con las grandes pirámides de Guiza, cerca del Cairo, que según algunos estudiosos, parecen reproducir un sistema estelar concreto.

Sin duda esta inmensa autopista "cosmo-telúrica" está plagada de pequeños "chacras", donde la energía de la Madre Tierra se desborda y hace que las personas que allí habitan o simplemente están un tiempo en ellos, alcancen unos estados de consciencia muy superiores a los "habituales".

Por la importancia de este Camino de las Estrellas y por su función como crisol de la cultura cristiano-occidental, hubiéramos creído importante incluir en este libro una pequeña guía en la que se recorrieran los principales puntos del "Camino peregrino" por el que durante miles de años, mucho antes de que existiera el cristianismo, pueblos enteros habían viajado siguiendo las fuerzas telúricas y las estrellas, pero hubiera resultado repetitivo, y ya hemos dedicado un libro entero al tema en otra ocasión anterior[29]. De todos modos por su relación directa con las fuerzas de la Madre Tierra, hemos creído interesante reseñar el lugar que al menos para nosotros, es el más importante enclave de poder geobiológico de toda la peregrinación; nos estamos refiriendo al monasterio de San Juan de la Peña.

Muy cerca de la peregrina Jaca, nos encontramos con este verdadero "chacra" de poder, el majestuoso monasterio troglodítico de San Juan de La Peña. De él, el escritor valenciano Juan García Atienza nos dice en uno de sus más conocidos trabajos[30]: *La simbiosis entre la peña y la obra del ser humano, clave de una*

---

29   *Guía mágica del Camino de Santiago. De Puigcerdà al Finisterre por el Camino de las Estrellas*. Editorial Indigo, Miquel G. Aracil.

30   *La Ruta Sagrada*. García Atienza. Ediciones Robin Book.

convivencia continuada con la tierra, hace que el recinto adopte las características de un hipogeo sagrado, colaborador activo de la identificación de los monjes con el útero terrestre en el que se albergaron. Personalmente hemos estado en diferentes ocasiones en aquel lugar, y como bien me comentaba en una ocasión mi buen amigo el profesor de la Universidad de Barcelona Pere Puiggrós, las fuerzas telúricas *"casi pueden tocarse"*. En ocasiones casi te abruman si no estás preparado para recogerlas e interpretarlas. La leyenda sobre su fundación, ya nos aporta unos datos muy interesantes, pues supuestamente fue fundado por dos eremitas de nombres Voto y Felicio, debido a que uno de ellos, habían encontrado algunos años antes en la enorme cueva, el cuerpo momificado del eremita Juan de Atarés. Este factor del cuerpo momificado es muy atrayente y significativo, ya que la investigadora Blanche Merz, dedica a este tema de los cuerpos incorruptos un apartado de su libro (ver bibliografía), en el que nos dice textualmente: *Las sepulturas de personalidades religiosas cuyos cuerpos no se deterioran, ni siquiera trascurridos decenios o siglos, (sin momificación), pertenecen a otro tipo de lugares cumbre cosmotelúricos,* y seguidamente pone algún ejemplo, como el del monje maronita Chárbel Makhlouf que se encuentra en el Líbano. Continúa esta investigadora con las siguientes palabras: *Los cuerpos no deteriorados, conservados en emplazamientos de altas vibraciones, se mantienen intactos mientras no se les desplaza.* Desconocemos si este fue el caso de dicho eremita, pero indudablemente la carga telúrica de este sagrado lugar es muy fuerte y puede apreciarse fácilmente. Una visita a este enclave de la Madre Tierra, es necesario para todo aquel peregrino, a pie o motorizado, que se dirige a Santiago, y lo dejaremos recordando unas sabias palabras de García Atienza[31]: *Allí (en San Juan de la Peña) se siente algo diferente, una vivencia que traspasa los límites de la realidad inmediata y se integra en la trascendencia.*

SANTIAGO DE COMPOSTELA

No diremos, y de veras lo sentimos, que el enclave donde se levanta el precioso templo de Santiago de Compostela, se trate para nosotros de un lugar geobiológico lleno de cosmotelurismo, pero tampoco diremos que es un lugar "normal" ni muchísimo menos. A este lugar y en más de doce siglos de peregrinación, han llegado muchos millones de personas que se jugaron la vida (muchas se la dejaron en el Camino) por llegar y arrodillarse ante el santo apóstol, y la presencia y la "descarga" de psiquismo y de fe de millones de personas, impregna un lugar, y que nadie lo dude. Aún hoy en un lugar "nuevo" como el templo francés de Lourdes, con poco más de un siglo, la energía de tanto enfermo, de tanto desesperado que reza con fervor, puede casi respirarse, y se trata, repetimos de un lugar con muy poca antigüedad, entonces, qué no habrá de energía en este lugar de peregrinaje, sin duda uno de los tres más importantes de la cristian-

31   *Guía de la España mágica*. García Atienza. Editorial Martínez Roca.

dad. He ido a Santiago de Compostela en diferentes épocas de mi vida: siendo creyente y años más tarde, agnóstico convencido (que no ateo, que es diferente y no debe de confundirse) y siempre he notado "algo" que ahora me costaría definir, en el interior de aquel templo que ninguna relación directa tiene ni tuvo con el apóstol de Jesucristo, un hombre que vivió hace casi dos mil años y sabemos a ciencia cierta que jamás estuvo en Hispania.

**Catedral de Santiago
de Compostela**

El lugar no fue escogido al azar, ya que sabemos que antes que lugar sagrado del cristianismo, fue necrópolis sueva, anteriormente romana y posiblemente celta, y según el estudioso gallego Santiago Lorenzo, *sobre una necrópolis megalítica* (*Galicia Má-*

gica). En este libro, Lorenzo recoge unas palabras del geobiólogo Mariano Bueno y que contradicen nuestra teoría de la falta de energías telúricas (pero sí psíquicas) en dicho lugar. Según el investigador levantino, director del Centro Mediterráneo de Investigaciones Geobiológicas, de todas las regiones y lugares que ha estado estudiando, en Santiago de Compostela es donde capta mayor nivel de radioactividad natural. No entramos a discutir a este especialista, pero sinceramente nos preguntamos si esta energía, que indudablemente existe en el lugar, ¿no se deberá (y volvemos con nuestra teoría) a los millones de personas que han descargado toda la telergia (energía psíquica que actualmente casi nadie niega que tiene el ser humano y que puede llegar a mover objetos) al llegar al feliz puerto de su peregrinación? Posiblemente algún día exista dentro de la física algún aparato "serio" que pueda dar respuesta al tema, pero de momento nosotros nos limitamos a decir, incluso a asegurar, que en Santiago de Compostela, en su inmensa y preciosa catedral, existe una gran cantidad de energía psicobiológica, que se acumula sobre lo que fue desde milenios camposanto, quizá incluso la tumba de Prisciliano, el gran hereje gallego, ese mismo que la Iglesia oficial persiguió y anatemizó, y que los gallegos de la antigüedad pudieran "mimetizar" o sincretizar con el apóstol judío. El Camino de Santiago, el "oficial", el ortodoxo, tenía una meta concreta: Santiago, en cambio el Camino de las Estrellas, el "verdadero", el ancestral, iba más allá, a FINISTERRE, al final de la tierra... conocida.

Finisterre

Capítulo Tercero
Las siempre enigmáticas pirámides de Guiza

Una vanidad como la de la Gran Pirámide,
que dura desde hace tres o cuatro mil años,
podría tener a la larga su verdadero valor.
(Chateaubriand "Itinerario desde París a Jerusalén")

De todos es conocido que el único monumento arqueológico u obra humana que puede verse desde nuestro entrañable satélite la Luna, es la Gran Muralla China; ese "monstruo" lítico del que poco se sabe, pues de tanto en cuanto podemos leer que se han encontrado nuevos "trozos" de muralla, y ponemos como ejemplo la noticia publicada por la excelente revista *Arqueología* en su número 259, en que se informaba al público, que junto a la ladera sur de la montaña Helan, se había descubierto recientemente un "pequeño tramo" de 80 kilómetros de longitud enterrados bajo arenas movedizas. Pero a pesar de todo, si hiciéramos una encuesta en no importa qué países sobre el monumento arqueológico más conocido y popular, sin duda, nos encontraríamos con una contestación mayoritaria: La Gran Pirámide de Keops.

Cuando, allá a finales de los sesenta y principios de los setenta, empezó a fructificar el interés por lo esotérico y paracientífico, las pirámides cobraron un interés muy particular, casi mayor que el famoso y polémico Triángulo de las Bermudas, la neófita parapsicología o el Yeti, y solamente le ganó terreno el tema OVNI.

Desgraciadamente de este interés se aprovecharon, como no podía ser menos, muchos "sacamantecas" o "proxenetas de la superstición", y así se vendieron por millones todo tipo de pirámides, en metal, cristal, varilla, cuarzo, cartón, etc., para conseguir verdaderas "panaceas", que iban desde la simpleza de afilar cuchillas de afeitar (cosa que en algunos casos, muy pocos, ha sido verdad) hasta la canallesca picaresca, de "curar el cáncer" (conocemos casos de delincuentes de este estilo en nuestro país) o incluso para "momificar", cuando ya es reconocido oficialmente, que muchas de ellas tan siquiera sirvieron de tumba. Pasado los años, la gente ha podido comprobar que las pirámides, no curan, se diga lo que se diga, y aunque en los últimos años haya gente que hace el "agosto" vendiendo "agua piramidal" y por lo tanto "milagrosa", e incluso "gatos criados en pirámides", no sirven para hacer milagros, pero en cambio la pirámide como monumento, como construcción, es casi universal, y eso creemos que no se debe a la casualidad.

Pirámides las encontramos en prácticamente todos los continentes, desde las famosísimas de Egipto y sus hermanas menores las sudanesas, hasta las maravillas que aztecas, toltecas, mayas e incas y en algunos casos culturas muy anteriores, levantaron por todo el sur y centro del continente americano (incluido Brasil), pasando por las misteriosa y gigantescas formaciones piramidales de Asia, destacando las de la milenaria China, actualmente prohibidas su excavación por las paranoicas autoridades comunistas, hasta alguna de Turquía. Pero ¿Y Europa?, pues sin duda alguna hay, y ponemos como ejemplo ese arcano de miles de toneladas que conocemos como "pirámide de Falicón", muy cerca de la turística y bulliciosa ciudad de Niza[32] o la "pirámide escalonada" de Barnenez en la Bretaña francesa y nuestras amadas islas Canarias (aunque africanas) con sus maravillas de Güímar y otras repartidas por el archipiélago. Solo Australia que sepamos y las islas que forman el quinto continente, están exentas de "sus" pirámides, aunque no estamos seguros tan siquiera de eso.

La verdad es que la pirámide, y su antecesor el zigurat, se encuentran en demasiados países lejanos entre sí para que creamos que se debe a una casualidad, pero nuestra labor en este libro no es demostrar que existió una "civilización Madre" y común entre todas ellas (teoría que personalmente defendemos), sino que por alguna extraña razón, en muchos de los lugares que actualmente llamamos "mágicos", hace milenios se erigieron grandes edificios piramidales.

No vamos a decir que todos estén ubicados como "faros" de las fuerzas telúricas, pero al menos algunos de ellos, sí que señalan bajo nuestro punto de vista, lugares muy "especiales". No queremos (ni podemos)

---

32   *El misterio de la pirámide de Falicón*, Henri Broch. Editorial A.T.E.

hacerle la competencia al investigador alemán Harald Braem[33] posiblemente quien más sabe de pirámides en este mundo, ni intentaremos dar una relación de todas las pirámides conocidas en el planeta, pero sí que intentaremos por lo menos presentar aquí el sistema de pirámides más famoso del mundo: Guiza.

Las pirámides de Guiza

De las tres grandes pirámides, Keops, Kefrén y Micerino se han escrito ciento, o posiblemente miles de libros, unos serios, otros no tantos, y algunos esperpénticos, pero la verdad, estas tres pirámide siguen guardando grandes y misteriosos secretos, desde "quiénes" fueron sus verdaderos "dueños" (el secreto es mayor en la de Keops), hasta "cómo" se construyeron, pues todas las teorías existentes en la actualidad, son rebatibles por sus detractores, "por qué", pues ya parece demostrado que su función como "tumbas"

33   *El mensaje de las pirámides*, Harald Braen. Martínez-Roca.

para el faraón, queda descartada, e incluso el "cuándo" se construyeron. Lo que sí podemos asegurar, quizá de una manera muy subjetiva, todo hay que decirlo, es que pudieron funcionar a modo de gran "nudo de enlace" entre las fuerzas de la Madre Tierra y las del cielo o cósmicas. Su relación con ciertos astros celestes parece que cobra fuerza entre los especialistas, y así vamos a reproducir lo que el periodista Javier Sierra Albert nos dice al respecto en uno de sus mejores trabajos[34] al respecto de las teorías del ingeniero belga Robert Bauval: *Los antiguos constructores de pirámides construyeron el monumento de Micerino ligeramente desviado del eje imaginario sobre el que se asientan las de Keops y Kefrén, porque así imitaban la disposición de las tres estrellas del llamado "cinturón de Orión".*

¿Por qué esa labor titánica de levantar tres inmensas montañas de obra, intentando imitar una lejana formación estelar? ¿Sería quizá para repetir aquella famosa ley hermética que nos dice que *lo que hay debajo es como lo que hay arriba?*

¿Se trataba de una verdadera "comunión" entre las fuerzas de nuestro planeta y las del cosmos, como una inmenso canalizador de energías? O ¿se trataba de indicar una fecha muy concreta y básica para una civilización actualmente desconocida? Lo ignoramos, pero sinceramente estamos convencidos que en aquella maravilla arqueológica que conocemos como meseta

---

34   *En busca de la Edad de Oro*, Javier Sierra. Editorial Grijalbo.

de Guiza, donde se encuentran diferentes pirámides (hay de menores), templos, avenidas y el monumento más enigmático de todo el Egipto faraónico: La esfinge, guarda un secreto varias veces milenarios de una cultura, una civilización, que conoció unos secretos científicos (algunos les llamarían "mágicos") que actualmente con toda nuestra alta tecnología, ni tan siquiera somos capaces de atisbar.

Otra vista de las pirámides de Guiza

Mucho se ha hablado de las medidas "fundamentales" de la Gran Pirámide, pero nos negamos a reproducirlas en este trabajo para no llenar la cabeza del lector con números y cifras, que posiblemente nada o poco nos dirían, sencillamente queremos dejar claro que en aquel milenario enclave faraónico, tres grandes pirámides se levantan como inmensas montañas artificiales (algo parecido a los túmulos británicos y norteamericanos, pero en superlativo) y que todos sus visitantes, desde los tiempos del griego Heródoto (485-425 antes de nuestra era) hasta los actuales millones de turistas que visitan cada año el inmenso "parque turístico" en que se ha convertido Guiza, quedan perplejos ante aquella inmensidad y majestuosidad, y muchos somos los que nos sentimos en aquel lugar "viajeros en el tiempo", y nuestras mentes se llenan de extrañas sensaciones en aquel maravilloso lugar. Ante estos estados "especiales" de mente, o consciencia nos preguntamos ¿no son los enclaves telúricos, lugares donde nuestra mente (o alma para quien lo prefiera) cambia de onda y tiene unos pensamientos muchos más profundos? En este caso no dudamos que la meseta de Guiza es uno de los más importantes enclaves telúricos y por lo tanto mágicos, de todo nuestro planeta, y que sus constructores levantaron aquellos monumentos en aquel lugar y precisamente con aquellas dimensiones y finalmente con esa disposición geométrica por razones muy concretas.

Capítulo Cuarto
No todo es oro lo que reluce:
los lugares negativos

Soy un profundo y convencido dualista, casi diría que "maniqueísta" a mi manera, pues siempre he creído que si existe lo blanco necesariamente debe de existir lo negro y si hay lugares "buenos" es porque ha de haberlos de "malos", y en el tema del telurismo sucede lo mismo.

Recuerdo en una ocasión que junto a un grupo de filmación extranjero, nos dirigimos al monumental Salt de la Gorga (norte de Girona) a grabar un programa de televisión. Mientras ascendíamos por la empinada y salvaje cuesta por donde caía el agua recogida en las últimas lluvias, el cámara, un hombre enorme, prototipo del guerrero teutón, tiró la costosa cámara profesional contra el suelo, mientras en su lengua natal decía lo que supongo eran improperios. El productor se puso como un loco y le insultó, y después de un desagradable enfrentamiento entre todos los miembros del equipo de filmación, el gigantón *cameraman*, hombre por lo general bonachón, aseguró que no sabía por qué lo había hecho, pero sintió un "golpe de violencia" en su cerebro. La filmación no se llevó a cabo. Algún tiempo después volví al lugar con un conocido radiestesista italiano afincado en Bélgica, y aquel hombre, serio y responsable y al que conocía desde hacía algunos años en que lo entrevisté para la revista "Mundo Oculto" que por entonces yo dirigía, se puso muy nervioso y aseguró sufrir de un fuerte dolor de cabeza, originado según él, por "el terreno". En una de mis últimas visitas, mi hija, muchacha obediente y callada, aseguró que aquel lugar, simplemente "no le gustaba" y se encontraba incómoda (debo decir que Elisabet, a sus actuales 16 años, me ha acompañado por diferentes países de 4 continentes, y está acostumbrada a los lugares "especiales") Si a esto le añadimos que las pocas *masías* de las cercanías, todas sin excepción han sido abandonadas, pese a su cercanía con la zona turística de la Costa Brava, que entre sus parajes adyacentes se encuentra una formación geológica conocida como *la forquilla del dimoni* (el "tenedor del diablo") y un dolmen donde con cierta regularidad se celebran rituales "negros" (me lo han comentado personalmente algunos de sus asistentes) y que además frente a él se levanta el enigmático Puig del Pànic ("montaña del miedo" o "del pánico") base militar desde hace muchos años, y del que el especialista en los aspectos insólitos de la Costa Brava J.L. Giménez-Frontín en su libro *Guía secreta de la Costa Brava* (ediciones Al-Borak) lo define con las siguientes palabras: *Ella (El Puig del Pànic o Penic) es la verdadera montaña negra de esta costa. Al menos a los "hippies" les infunde, como a nuestros abuelos el Piyayo, un respeto imponente. Hablan de tempestades, de vibraciones "atómicas"... y cosas por el estilo.*

La verdad es que el lugar produce "malas vibraciones", muy cerca de su dolmen (algunos le llaman el "dolmen perdido" aunque su verdadero nombre es de "La Cendrera") se encuentra una cueva llamada *Cova dels Encantats (cueva de los encantados)*, donde quizá sea por sugestión, o por otra razón, uno se encuentra a disgusto, y más si está allí un rato.

Indudablemente, la Madre Tierra, tiene también, como todo SER VIVO, sus puntos "negros", sus "malos momentos" y sus "defectos". Indudablemente, hasta la persona más santa, tiene algún momento de "pronte" y violencia; recordemos que el mismísimo Jesucristo, en un momento dado dejó ir su violencia y golpeó a los mercaderes del templo, o al menos eso nos cuentan las Sagradas Escrituras.

Gea, también tiene estos puntos "negros" y desde hace miles de años, "algunos" seres humanos lo saben, y así conocemos que los dirigentes celtas acompañados de esos misteriosos "iniciados" que conocemos como druidas y que sin duda eran unos perfectos e instruidos geomantes, reunían en ocasiones a sus guerreros antes de entrar en combate, en unos lugares "concretos", donde desnudos y con las armas en la mano, se llenaban de una violencia sin par. Lo mismo hacían los guerreros germanos y los caballeros teutónicos y sus descendientes los "nazis" fueron maestros en la localización de lugares de poder, tanto positivos como en la mayoría de casos, NEGATIVOS. La obsesión de los dirigentes nazis por la geomancia y la geobiología, se convirtió en una de las metas principales de sus investigaciones, y así nos encontramos que el "Gran Maestre" del ocultismo nazi, el asesino y psicopático Heinrich Himmler, buscó como un poseído, un lugar "negro" que pudiera ser el "corazón mágico" de la Gran Alemania nazi, y este fue ni más ni menos que...

WEWELSBURG, EL CORAZÓN NEGRO DE ALEMANIA

Siguiendo las indicaciones de los geomantes e investigadores del *Ahnenerbe* (grupo de élite nazi) Himmler, por aquel entonces ministro de Interior del gobierno alemán y jefe de las terribles y ocultistas fuerzas de las SS, buscaba un "lugar especial" para tener su "cuartel general", y que sería a la vez templo y cementerio para Hitler.

Tras muchas investigaciones históricas y esotéricas (geobiológicas) escogió la fortaleza de Wewelsburg, situada en la sombría Westfalia. Himmler estaba convencido (quizá influenciado por ocultistas orientales relacionados con los nazis) que las fuerzas telúricas podían ayudarle extraordinariamente, y por dicha razón, se decidió a poseer dicha fortaleza.

El fundador de la SS, ya llevaba años apoderándose de una manera "inocente" y con la excusa de una ley de "protección y amparo de los lugares antiguos", de lugares telúricos, en especial lugares sagrados prehistóricos, y principalmente enclaves guerreros de los pretéritos germanos.

Fortaleza de Wewelsburg

Aquella fortaleza que tanto impactó en el "Gran Maestre" nazi, había sido fundada por el mítico y misterioso obispo Paderboru, y debía su nombre a un malvado y cruel aristócrata que se dedicó al bandidaje y al saqueo, llamado barón Wewel von Büren.

El castillo y sus alrededores contaban con una extraña leyenda que decía que aquel lugar sería el último reducto defensivo de Alemania ante una invasión oriental que debía de llegar. Sabemos que en el siglo V, este fue uno de los últimos reductos sajones ante la invasión de los hunos.

Los geomantes de la *Ahnenerbe* pusieron un gran cuidado en las formas geométricas de dicho edificio, pues tenía que ser triangular al igual que el Kremlin ruso o la abadía de Westminster en Inglaterra.

El 27 de julio de 1934, y tras un estudio amplísimo de la zona por parte de zahories y especialistas en fuerzas telúricas, Himmler lo compró por el precio simbólico de ¡UN MARCO!

Pocos días después de adquirir su "lugar especial", Himmler enviaba una carta al ministro de finanzas alemán H. Schmitt en la que le pedía (casi le ordenaba) lo siguiente: *"Me propongo arreglar la fortaleza de Wewelsburg como escuela de mandos de las SS, por lo que solicito la mayor concesión económica posible del gobierno para satisfacer los gastos de la edificación"*. Lógicamente obtuvo lo que pidió y para su reconstrucción escogió a un maestro de obras especialista en viejas tradiciones germánicas, llamado Hermman Bartel, el cual tuvo como ayudantes a algunos de los más destacados geomantes de Himmler.

De obreros se seleccionó a un grupo de élite del Cuerpo de Trabajo del Reich, los que se pusieron a las órdenes de los mandos de las SS.

Tres años después, en marzo de 1937, cuando la fortaleza "negra" estuvo acabada, el *Reichsführer* nombró comandante del castillo al *Standartenführer* Siegfried Taubert, hombre de confianza del dirigente nazi y que gozaba de un gran prestigio entre las SS.

Sobre los rituales que allí se llevaban a cabo, recomendamos mi trabajo *El corazón mágico de Alemania*

(Monográfico número 38 de Más Allá), pero mencionaremos que existía en los más hondo de la fortaleza un *sanctasanctórum* de 43,5 por 30 metros, donde existía una inmensa mesa, redonda como la del rey Arturo alrededor de la que se reunían 13 personas, cada una de ellas, tenía su propia habitación en el castillo, todas ellas repletas de símbolos esotéricos de origen germánico.

Bajo aquella inmensa fortaleza existía una cripta de 1,5 metros de espesor. Aquel punto de poder era conocido, entre los habitantes del castillo, como *La esfera del muerto* y en el centro había un pequeño pozo donde descansaba una copa de piedra. En las paredes de la cripta existían doce nichos, se supone que para celebrar ceremonias de cremación en caso de morir alguno de los miembros de esta élite nazi. En la misma cripta había cuatro chimeneas (una por cada punto cardinal) dispuestas de tal manera que pudieran concentrar el humo en una sola y gran columna.

Según el investigador británico Nigel Pennick, la estructura de esta cripta, estaba basada en la del monasterio español de El Escorial, y su Panteón de los Reyes (la cripta española, había sido edificada por Giovanni Battista Crescenzi gran aficionado a la geomancia).

Hay quien asegura que la función final de aquel extraño y lúgubre castillo, verdadero corazón "negro" de Alemania, era convertirse en la última morada de

Adolph Hitler tras su muerte, y además parece ser que Himmler tenía intención también de trasladar allí, los restos del rey Heinrich der Vogler, fundador del Primer Reich germano.

Fuera cual fuera la última función que tenía aquella fortaleza, Himmler supo escoger un lugar "negativo" para sus diabólicos planes, desde donde pudiera dominar todo su "imperio" y llevar al mundo a su "sueño" infernal[35].

Algunos autores creen que dicha fortaleza estaba comunicada por importantes canales de fuerzas telúricas con los principales acuartelamientos de las divisiones SS, lo que no es de extrañar, pues sabemos por los trabajos de Pennick, que los cuarteles de mando de las SS, al igual que la de sus antepasados los caballeros teutones (tan racistas y antisemitas como estos), eran al mismo tiempo centros militares y religiosos. Sus fortalezas eran llamadas *Ordensburgen* y ambas órdenes "místico-militares" empleaban geomantes para determinar los enclaves más favorables para su construcción[36].

---

35   Para más información ver *Las ciencias secretas de Hitler*, Nigel Pennick, EDAF.

36   Existe un libro en lengua castellana, que creemos imprescindible para toda aquella persona que quiera profundizar en el trasfondo y la historia de la macabra organización de las SS, titulado *La Orden de la Calavera*, ha sido publicado en España por Plaza y Janés, y su autor es Heinz Höhne (profundamente ilustrado). Así mismo para los que quieran profundizar en las raíces del esoterismo y el trasfondo del nacional-socialismo, les

Chichén Itzá: sangre para la divinidad

*"Cuánto daño han hecho las creencias en ciertas divinidades
para el devenir y el progreso del ser humano durante milenios.
Apenas hay religiones que se salven de esta desgracia".*
Luis Utset, *escritor y conferenciante
especializado en religiones.*

En el invierno de 1985, a la redacción de la desaparecida revista Karma 7, pionera en su género, aunque muy mediocre en aquellos tiempos, nos llegó un sujeto provisto de varias psicofonías. Aquellas cintas mal grabadas, dejaban escuchar algunos juramentos, lamentos e improperios, todos ellos muy dudosos. El "investigador" nos aseguró que aquellas grabaciones paranormales se habían realizado en la sierra de Pàndols, al sur de Cataluña, donde en nuestra irresponsable y desgraciada Guerra Civil, se habían enfrentado los más jóvenes de ambos bandos. Aquello me impresionó, en el caso de que fueran reales y no uno más de los fraudes pseudoparapsicológicos tan abundantes en este campo. Poco después, me desplazaba como conferenciante a un congreso internacional celebrado en la preciosa ciudad occitana de Carcasona, y otra persona, en este caso una francesa de edad avanzada

recomendamos el libro, en ocasiones "olvidado" por los investigadores, *La mística de la cruz gamada*, de la que es autor el historiador y coleccionista Ray Petitfrère y publicada en España por ediciones Cárcamo Hnos., en sus casi ochocientas páginas (fotografías incluidas) se da un repaso a los aspectos más oscuros del movimiento "nazi".

123

y rubicunda figura, casi me obligaba a escuchar otras psicofonías "supuestamente" realizadas en los campos cataláunicos, donde "posiblemente" se habían enfrentado a principios del siglo V de nuestra era, los ejércitos romanos y demás aliados (incluidos los godos), con los fieros y atroces hunos. Se escuchaban voces y gritos, y según la opulenta gala que era propietaria de aquella cinta, se trataba ni más ni menos, que de las voces y gritos de soldados latinos y guerreros asiáticos en su sangriento enfrentamiento.

Ahora me pregunto si los sucesos violentos llevados a cabo en un lugar concreto, pueden llegar a impregnar el terreno, y la respuesta es que posiblemente sí, y que aquellos sucesos, marcan durante siglos, o milenios, el lugar.

Es probable que eso haya sucedido en un enclave a la vez paradisíaco y escalofriante ubicado en México, en el misterioso Yucatán, y que fue importante enclave maya: Chichen Itzá.

La Tierra, Gaia, Gea, tiene sus genios, ya lo hemos dicho, pero en ocasiones, la sangre y la maldad derramadas sobre ella durante siglos, creemos que puede transformar el lugar e impregnarlo de vibraciones negativas, o quizá, rizando el rizo, la sangrienta batalla, los macabros sacrificios, los genocidios, se realizan en aquel lugar en concreto, debido a que los "verdugos", saben que allí exactamente es el lugar idóneo para derramar sangre y lágrimas.

Chichen Itzá, topónimo cuya traducción aproximada al castellano sería el de "boca del pozo de los itzaes", fue una inmensa ciudad sagrada de los antiguos mayas (cultura y etnia todavía existente en la actualidad, y que cuenta con más de 8 millones de personas distribuidos en cinco países, aunque los libros "oficiales" nos hablen de pueblo *desaparecido*) y experimentó dos períodos de grandeza, aunque sus orígenes son muy oscuros.

Chichen Itzá

En dicha ciudad, habitada desde el siglos III hasta el XII por diferentes etnias mayas, se dan una serie de extraños acontecimientos arqueoastronómicos, y una de sus pirámides escalonadas, es "visitada" un par de veces al año, concretamente el 20-21 de marzo, y el 21-22 de septiembre (ambos equinoccios), por la "serpiente" de luz y sombra, que asciende y desciende por la pirámide conocida como "El Castillo", y que nos habla de los inmensos conocimientos que los antiguos mayas tenían, de la arquitectura y la astronomía.

Durante aquellos siglos perdidos, los mayas realizaron en esta ciudad, miles, quizá incluso cientos de miles de sacrificios humanos, llevados por un fanatismo religioso indigno de un pueblo culto (aunque sangriento en grado sumo y que nadie lo dude) como los mayas, pero curiosamente, y como continuando con la tradición sangrienta y de culto a la muerte que desprendía la ciudad sagrada del dios Chac, hacia el siglo XIII, otro pueblo la invade, los toltecas, y estos, lo primero que hicieron al llegar a dicho enclave, es (citamos palabras de T. Brosnahan) *"elevaron la práctica de los sacrificios humanos, casi a la obsesión"*[37] .

El corazón "negro" de esta cruel ciudad, sería su cenote, inmenso pozo de aguas verdes y oscuras, con 60 metros de diámetro y 35 de profundidad, y cuyas paredes se encuentran llenas de lujuriosa vegetación.

Cenote de Chichen Itzá

---

37   *La Sonrisa de Chac*, Miquel G. Aracil. Ediciones Corona Borealis.

Las excavaciones submarino-arqueológicas llevadas a cabo desde 1923 (antes había sido dragado por
Edward Thompson, profesor de la universidad de
Harvard, que había comprado el lugar por la ridícula
cifra de 75 dólares) hasta las posteriores de la *National Geographic Society*, demostraron que el fondo del
inmenso pozo, estaba lleno de esqueletos de seres humanos, sobre todo de mujeres jóvenes (posiblemente
vírgenes) y de muchachos, aunque los había de todas
las edades, así como miles de objetos, muchos de ellos
preciosos, e incluso y de manera más que misteriosa,
piezas pertenecientes a culturas tan alejadas como las
existentes en Colombia. El lugar, era un enclave de
muerte y lágrimas, al igual que su vecina de Uxmal.

En una de mis visitas al lugar, mi guía, un joven y
serio universitario me contaba, que aún hoy, se dan
extraños sucesos por las noches, y que hacía poco,
un grupo de estudiantes alemanes que pernoctaron
en las ruinas, sin permiso por cierto, no pudieron
aguantar la presión del "lugar", creyeron ver extrañas apariciones, oír misteriosas voces (parafonías) y
salieron corriendo, seguidos de algunos guardias que
acudieron a los gritos de los jóvenes "Indianas Jones"
germánicos.

Cuando el sol se pone, se nota, se siente, se adivina,
quizá por simple autosugestión, que allí, la Tierra, se
impregnó de maldad, de sangre humana, pues asesi-
nar a miles, quizá cientos de miles de personas por

adoración a una divinidad o por lo que sea, jamás es justificable, y somos de la opinión, de que tanto terror, tanta maldad, tanta sangre, impregna el "lugar", que como extraño y gigantesco vampiro, se acostumbra al dolor y el sagrado fluido humano[38].

Chichén es un lugar visitado por casi un millón de personas al año, muchos de ellos, pseudoecologistas, impregnados de fanatismo politiquero que buscan "conexiones" con los dioses, pero la verdad es que, Chichén Itzá, es como ese "úpiro" que, acostumbrado a la sangre y el dolor, conserva en sus entrañas un recodo lleno de fuerza negativa.

¿Se llenó Chichén de esa fuerza maligna por culpa de los sacrificios? o simplemente ¿se sacrificaron cientos de miles de personas porque el lugar era propicio a este tipo de aberración genocida? ¿Era su inmenso y lóbrego cenote un enclave negativo que irradiaba a toda la zona?[39] Posiblemente jamás lo sabremos, pero

38   Para aquellas personas que quieran profundizar en el estudio de la tendencia de algunas culturas a realizar inmensos sacrificios humanos, en ocasiones verdaderos genocidios, y muchas veces en "lugares concretos", aconsejamos consultar el interesante trabajo de Nigel Davies, titulado *Sacrificios humanos*, publicado en lengua castellana por editorial Grijalbo.

39   Posiblemente el mejor trabajo sobre los restos arqueológicos subacuáticos que se han encontrado en el cenote de Chichén, aunque desde un punto de vista muy ortodoxo, sea el publicado por ediciones Artes, (México, 1972), con profusión de fotos en color y datos sobre los restos arqueológicos allí encontrados, e información sobre las diferentes expediciones llevadas a cabo en dicho lugar.

forma parte de ese gran mapa de lugares positivos y negativos que para bien o para mal, forman nuestro planeta.

Capítulo Quinto
Peregrinaciones y telurismo

"El ser humano cuando peregrina a un lugar sagrado, sabe que puede transformar su vida, gracias a la divinidad, gracias a la magia que desprenden ciertos parajes y monumentos, gracias a las energías que han dejado allí miles, cientos de miles, de peregrinos que han hecho ese camino espiritual antes que ellos".
Miguel de los Monteros y Martínez del Puerto, *aventurero, filósofo, hombre de acción e INICIADO en las verdades místéricas.*

Como habremos visto en este pequeño recorrido por los lugares "especiales" de nuestro planeta, la mayoría, por no decir todos los lugares "positivos" (e incluso alguno de negativo), tienen como común denominador, el agua, (una fuentes, un río, una corriente subterránea, etc.) y casi todos ellos, han sido en un momento concreto, o durante milenios incluso, enclaves de peregrinaje de diversos cultos y religiones, desde la politizada (nos referimos a la Edad Media) y sincrética "Ruta sagrada" que conocemos como Camino de Santiago, con su recorrido por el antiguo Camino de las Estrellas, hasta la terrorífica fortaleza, cuartel general y místico de las asesinas SS del nacionalsocialismo. En todos estos lugares de peregrinaje, el agua, representada en ríos (el Ganges hindú) o las fuentes sagradas, tienen un importante peso específico, pues como bien dice la investigadora Blanche Merz (ver bibliografía): *Los lugares de peregrinación, tienen como punto de apoyo el elemento agua, el cual puede transformar el circuito oscilante del lugar y modificar el potencial eléctrico y magnético de nuestras células sanguíneas.*

Sobre este tema, recomendamos una detallada lectura del libro de esta autora (*Pirámides, catedrales y monasterios*) y muy especialmente su capítulo octavo, en el que nos comenta: *En el lugar de peregrinación, aunque no llegue a sentirse la penetración sutil y cautivadora tan deseada, se verá al menos captado por un momento, de una vibración de alto nivel, que le proporcionará una pequeña recompensa y el sentimiento de llevarse una parte de esa manifestación de fuerza suprapersonal.*

Monasterio de Montserrat

En nuestro particular peregrinaje por los lugares de poder, hemos visitado diversos enclaves peregrinos, y si no en todos, sí que en muchos, hemos sentido la "fuerza" del lugar. Montserrat, Santiago de Compostela, San Juan de la Peña, Karnak (Egipto), Chartres, Mont Sant Michel, Notre Dame de París, son lugares que pese a nuestro particular agnosticismo, nos hacen vibrar. Personalmente no hablamos de la "divinidad", eso lo dejamos para los creyentes, solo hablamos de "fuerza" natural, de "mensajes" de esa Tierra que pisamos día a día.

El HOMBRE, con mayúsculas, desde tiempos muy tempranos, peregrinó, en ocasiones durante cientos, e incluso miles, de kilómetros, hacia lugares particulares, que sabía o intuía eran "especiales". Quizá sea como bien dice Luis Bonilla en su interesante libro *Historias de las peregrinaciones en el mundo* (ver bibliografía) por qué *"La peregrinación es una inquietud humana de todos los tiempos, lugares y creencias"*, tal vez, porque el ser humano, necesita en algún momento de su vida, tarde o temprano, una necesidad de protección contra el mundo exotérico y anhela también evadirse de las angustias de sus problemas internos, recurriendo a algo metafísico, místico, diríamos incluso esotérico.

El antiguo egipcio hace cuatro mil años, acudía al templo de Osiris, en las peregrinaciones de Abydos, o viajaba largos días por el Nilo para unirse a la multitud que en Karnak, acudía a venerar a la divinidad adorada en aquellos templos, que hace cuatro milenios ya eran viejos, ancestrales, pues mucho antes, en tiempos inmemoriales, ya eran lugar de culto de olvidados dioses prefaraónicos. En la Edad Media, y aún hoy, los musulmanes acuden a la Meca para poder gozar de una fe, que contagia y afirma las convicciones individuales, o redime de problemas internos, de la misma forma que el efecto de sugestión colectiva, hace que el hindú llegado en peregrinación, quizá desde tierras muy lejanas hasta Benarés, consigue desechar sus temores mentales, para dejarse inundar por el desbordamiento fervoroso de los festivales religiosos, o más cerca de nuestra cultura y mentalidad, el cristiano medieval, recorría miles de kilómetros por caminos y landas llenos de peligros, para arrodillarse ante los pies de aquel apóstol, que tan siquiera llegó jamás a España, aunque lo tengamos por decreto ley, como santo patrón español, pero el peregrino creía que con aquel *trekking* de meses o incluso años, se les abrirían un poco más las puertas del cielo.

El hombre (y lógicamente la mujer) necesitan peregrinar, viajar a lugares "especiales", donde solos, o en comunión con otros correligionarios, pueda disfrutar de unas sensaciones "diferentes". Conocimos el caso de un dirigente de una formación anarcosindicalista, que aunque "ateo" convencido, peregrinó a pie en una ocasión más de 50 kilómetros para arrodillarse a los pies de la Virgen Negra de Montserrat (la "Moreneta") para dar gracias por la curación de su esposa.

En ocasiones, la peregrinación y todo lo que le rodea se convierte casi en un arte, y así vemos que los japoneses acuden a sus lugares sagrados de peregrinaje, siempre elevados en alguna montaña "sagrada", de una forma casi "disciplinada" como nos dice Luis Bonilla: *Al llegar cobran aliento frente a la puerta, y quedan agradablemente impresionados por el ambiente que siempre rodea a los santuarios japoneses, con sus cuidados jardines, en una sedante paz que conforta el ánimo de los peregrinos, los cuales visten blancos kimonos y llevan campanillas en su cinturón. Seguidamente son recibidos por algún bonzo que los lleva a visitar el santuario, y luego este sacerdote acompaña al peregrino al poético cementerio entre filas de árboles, donde a un lado y otro de cada árbol, se encuentran las tumbas de los monjes fallecidos*

Todos los pueblos en un momento u otro de su existencia han tenido necesidad de acudir a un lugar concreto, diríamos que "especial" a peregrinar, y sirva como ejemplo un pueblo tan "distinto" a la mayoría como es el de los gitanos. Según los estudios efectuados por Jacques Huynen, gran especialista en el estudio de los "Vírgenes Negras", los gitanos desde hace posiblemente algunos siglos peregrinan a la catedral gótica de Nuestra Señora del Mar (Francia), al mismo lugar que en tiempos antiguos y hasta la llegada de los romanos, se llamó Ra. En este lugar sagrado, se veneraba en la antigüedad a Isis y Cibeles, según viejas tradiciones, y de estos cultos ancestrales, han quedado una fuente sagrada y una cripta. En el siglo VI, Ra se convierte en *Notre-Dame-de-Ratis*, y el culto a la Virgen María, suplanta como en tantos centenares de lugares, al culto a la Diosa Madre, pero en dicho lugar y en el siglo XVI (recién llegados los gitanos a Europa después de un larguísimo deambular desde su India natal) se empieza a hablar de Sara (actualmente la "divinidad" de los gitanos), aunque aún cien años más tarde, no se conoce ninguna colonia importante de gitanos en la zona. En 1686, a Sara se la conoce como Sarre, y es presentada como la sirvienta de María Jacobé y María Salomé. Es en el siglo XIX cuando tenemos noticias ciertas de que los gitanos acuden en peregrinación al antiguo santuario de la Diosa Madre, a venerar la figura negra y hecha en yeso, que conocemos como "Sara la Negra". En la cripta de este templo, es donde según Huynen, las mujeres gitanas se reúnen para escoger a la "reina" de los gitanos, y se celebran otras ceremonias secretas al amanecer, cerca de unos pantanales solitarios que hay cerca y donde se forman corros sagrados junto a una hoguera "mágica". Como vemos, incluso un pueblo como los gitanos, tan distinto a todos los otros, peregrina en alguna ocasión a un lugar ya "sagrado" desde tiempos remotos, donde se adoraba, hace milenios, a la Gran Diosa.

Efigie de Sara la Negra

Terminaremos este capítulo reproduciendo las palabras de Caroline Humphrey quien asegura que: *Desde tiempos muy primitivos, se ha diseñado cierta arquitectura con el fin de dar facilidades a la realización de procesiones y peregrinaciones.* Y es que al final de toda peregrinación, existe o bien agua, como ya hemos dicho anteriormente (recordemos las peregrinaciones al Ganges, por ejemplo) o un soberbio edificio levantado sobre el "lugar de poder" (Santiago, Canterbury, Templo del Sol de Orissa, etc.) que sirve de plataforma entre lo humano y lo trascendental o divino[40].

---

40 Para las personas interesadas en el estudio del fenómeno religioso que conocemos como peregrinación, le recomendamos el libro monográfico sobre el tema *Historia de las peregrinaciones en el mundo*, de Luis Bonilla, Biblioteca Nueva.

Capítulo Sexto
La espiral, ¿símbolo de fecundidad?

"Podemos encontrar el símbolo de la espiral en culturas que van desde la prehistoria a los pueblos escandinavos de la Alta Edad Media. Sin duda un verdadero arquetipo universal"
María Gemma Coll *(filósofa y viajera).*

En muchos de mis libros he defendido que por lo menos en Europa, cuando no en otros continentes, e incluso en casi todo el mundo habitado, el hombre prehistórico, conoció y utilizó en muchas ocasiones, un alfabeto actualmente desconocido y que simplemente llamamos "grabados rupestres[41]". Muchos viajes por diferentes países de cuatro continentes me han permitido observar en enclaves prehistóricos, gran número de grabados que se remontan a varios milenios en el tiempo, y llevo muchos años creyendo que al menos en Europa y algunas zonas cercanas (incluyendo las islas Canarias y el norte de África), se dan unas coincidencias a nivel de grabados, que nos permite asegurar o al menos imaginar, que el hombre de hace seis o siete mil años o quizá mucho antes, conocía una serie de grabados equivalentes a nuestros alfabetos o al menos a unos logotipos muy concretos, y entre todos ellos, destaca por su número e importancia la "espiral", la cual vemos repetida en cientos de lugares "mágicos", desde las cubiertas de

41   Ver el libro *Atlas de la Cataluña mágica y misteriosa*, capítulo XIV (¿Pinturas mágicas o alfabeto prehistórico?). Editorial Bastet, del autor.

dólmenes, tumbas de corredor (las que se pueden contemplar en la tumba de Newgrange en Irlanda, son de las más bellas y famosas), las dobles y estilizadas espirales que podemos ver en algunos templos de Malta, como el de Tarxien, que algunos han definido como "ojos de la Gran Madre", hasta el hermoso y misterioso laberinto (espirales al fin y al cabo) de la catedral de Chartres y otras grandes seos medievales.

En nuestros años de investigación, hemos visitado miles y no es exageración, de monumentos prehistóricos, y en bastantes ocasiones nos encontramos con asombro este símbolo "mágico" que es la espiral. En ocasiones la vemos erosionada, casi desaparecida sobre un dolmen del Alt Empordà (Girona), otra en los majestuosos megalitos gallegos, en las "piedras de los sacrificios" tan extendidas por el Mediterráneo, en la Islas Afortunadas, y siempre presentes en los grandes megalitos británicos. Sin duda la influencia y el poder de este símbolo en la antigüedad, tuvo que ser muy importante, y no dudamos que de él, naciera otro ya reconocido universalmente como iniciático: el Laberinto.

Se supone que el primer conjunto de espirales formando un laberinto se remonta al Egipto faraónico de hace casi cuatro mil años (siglo XIX antes de nuestra era), y según los estudiosos, representa el paso al inframundo. También los encontramos en los monumentos y las creencias budistas, donde representan sendas difíciles que conducen a la iluminación, sin descartar los laberintos clásicos, como el del rey Minos en Creta (famosos por su Minotauro). Curiosamente en los primeros siglos del cristianismo, la elipse y el laberinto, asumían factores negativos, pues representaban "la senda de la ignorancia que te apartaba de Dios", lo cual creemos que podía ser debido, a que en aquellos siglos de oscurantismo y fanatismo religioso que conocemos como Alta Edad Media, las gentes del campo, y en muchos casos de las pequeñas poblaciones rurales, seguían adorando los antiguos signos y grabados paganos, así como continuaban acudiendo a rezar e incluso a "amar" a los antiguos megalitos (podemos asegurar que en algunas zonas de España, aún acuden a los megalitos, principalmente menhires, mujeres que quieren quedar embarazadas).

Moneda de plata de Cnosos en la que se representa el laberinto del Minotauro

Con la llegada del gótico, verdadera eclosión de luz sobre una Iglesia asesina y fanática, los laberintos y las grandes espirales, cambian de significado esotérico, y así es como según nos dice Caroline Humphrey, pasa a ser un *símbolo del peregrino que busca a Dios y que está preñado de dificultades,* y es a partir de entonces que lo podemos encontrar en diversos templos y catedrales cristianas.

Aparte de su simbología dentro del esoterismo cristiano, hemos de pensar que algo muy importante tuvo que representar para que en tantos lugares "mágicos" (y telúricos) se representara este extraño símbolo, muy diferente a las cruces solares y cuadrados y cazoletas que encontramos en enclaves prehistóricos. ¿Representaba la unión o combinación de las fuerzas de la Tierra con las cósmicas?, ¿era el símbolo de una divinidad actualmente olvidada?, ¿el Universo creador?, ¿quizá una idealización de aquella *wuivre* o serpiente telúrica que recorre muchos lugares del Planeta? ¿los ojos de la Gran Madre, como algunos aseguran que representan las espirales dobles de algunos templos de Malta? O como nosotros creemos, ¿sería una representación de la unión entre el Cielo y la Tierra del que nació la vida?, posiblemente nunca se sepa, y cada estudioso dé su propia opinión y exprese su particular teoría, como por ejemplo las defendidas hace algo más de dos siglos por el doctor Thomas Molyneux, estandarte del "saber ilustrado" británico, y profesor de física, que calificó a las majestuosos espirales de la tumba de Newgrange (hacia el 3250 antes de nuestra era) como (citamos textualmente): *Una especie de tallas bárbaras*. Y si hablamos de esta inmensa tumba irlandesa, debemos de comentar, como reflejo y ejemplo de nuestra teoría de la relación entre espiral y fecundación, que en el interior de dicho monumento, se encuentra un gran pilar fálico, y muy cerca se encontraron un par de grandes bolas calizas, casi con toda seguridad, símbolos sexuales.

Espirales dentro de la tumba de Newgrange

Muchas de estas espirales repartidas por todo el mundo, vienen siendo destruidas desde tiempos inmemoriales por fanáticos religiosos, pero las que aún quedan nos indican que una vez, hace miles de años, este extraño y atrayente símbolo, representó algo trascendental, mágico y sagrado para las diferentes comunidades que poblaban la Tierra[42].

---

42   En las paradísiacas Islas Canarias, se han encontrado además de diferentes petroglifos de origen guanche que las representan, incluso sellos de arcilla en la que se pueden observar preciosas espirales muy trabajadas.

Capítulo Séptimo
La mágica comunión de los cuatro elementos: Atitlán, el lago "mágico" y misterioso

En una ley muy sabida por los estudiosos del esoterismo, que la combinación de los cuatro elementos logran una forma de "poder", o de "fuerza", si así lo queremos.

En la Naturaleza también se da esta ley, y así podemos ver que la mayoría de lugares donde se combinan de una manera u otra estos cuatro factores, acostumbran a indicar un enclave telúrico de primer orden.

Es como si la Tierra hubiera tenido un capricho y hubiera decidido concentrar en un solo lugar, agua, tierra, fuego y aire.

Lago Atitlán

Lugares donde se dé esta "comunión" perfecta entre los cuatro elementos, deben de existir muchos en todo el Planeta, pero hemos escogido uno que por su hermosura, por ser arquetipo de lo que aquí referimos, por la espiritualidad y religiosidad de sus gentes y por conocer personalmente bien, creemos que puede servirnos de ejemplo para nuestro trabajo. Nos referimos al majestuoso lago Atitlán, situado en los Altos de Guatemala.

Sus dimensiones no son extraordinarias, pues mide unos 160 kilómetros cuadrados, aunque su profundidad en algunos lugares llega a los 320 metros, (parece ser que puede comunicarse con el mar por un largo río subterráneo), y como anécdota diremos que como todo lago "misterioso" que se precie, y sin que haga falta viajar a la brumosa Escocia, esta extensión lacustre en pleno corazón maya, tiene también su "monstruo", al que los nativos, del que parece ser que no gustan de hablar, quizá por miedo a las autoridades que no quieren espantar al floreciente turismo, llaman "ximoc". En una de las poblaciones que rodean el lago, concretamente en Sololá, un viejo artesano me enseñó unas reproducciones en arcilla del extraño animal, que como es lógico, tiene forma de un gran saurio de larga cola. Me quiso vender una de aquellas figurillas asegurándome que era del tiempo de los antiguos mayas. No acepté el engaño, pero me complació poder observar la figura de un animal prehistórico, realizado por un indio que sin duda nada sabía de los grandes saurios. También en Santiago de

Atitlán, algunos artesanos de su pintoresco e interesantísimo mercado, fabrican en cerámica en cerámica burda, pequeñas imágenes de este gran reptil.

En el lago Atitlán como hemos dicho anteriormente, conviven en plena comunión natural los cuatro elementos: La tierra representada por las grandes montañas y acumulaciones rocosas del Alto de Guatemala, el fuego, presente en los tres volcanes: Tolimán (3.158 metros), Atitlán (3537 metros) y el "pequeño" San Pedro (2.995 metros) que rodean la superficie lacustre, el agua, representada por los millones de metros cúbicos que forman el profundo lago, y el aire, presente en verdaderas tempestades que llegan a formar grandes olas sobre la cristalina superficie de las aguas.

Esta comunión de los cuatro elementos, perfectamente combinados en el lugar, parece que llena de religiosidad a sus habitantes, que combinan a la perfección el cristianismo, con ritos sincréticos, siendo el más peculiar e incluso esotérico, el que se rinde en distintos lugares del lago, a una divinidad de nombre "Maximón", venerado principalmente en el recoleto pueblo de Santiago de Atitlán (hemos visto figuras de este personaje incluso en Antigua).

Se trata esta divinidad a la que hemos podido fotografiar e incluso tocar, de unas figuras de buen tamaño, de una altura de 1.30 aproximadamente (algunas veces es más alto), vestido con extraña vestimenta, mezcla de la ropa colonial española e indígena, tocado con un gorro de fieltro de conquistador español en tiempo de paz y fumando un inmenso puro. Quizá debido a este extraño y añejo sombrero, algunos estudiosos aseguran que esta divinidad es un símbolo de sincretismo entre los antiguos dioses mayas, el conquistador hispano Pedro de Alvarado, y la figura del Judas bíblico. Nosotros tenemos nuestras serias reservas al respecto, pues como es lógico de pensar, los actuales mayas, no guardan precisamente un buen recuerdo, y menos para divinizarlo, del conquistador Alvarado, que hizo un verdadero genocidio en la conquista de Guatemala. A nuestro entender, se trata sencillamente de una antiquísima divinidad maya, "mimetizada" para evitar conflictos con la Iglesia Católica, muy influyente en este país. Diremos a nivel de anécdota, que algunos conocen a este "dios" como el "Señor de los cirróticos", debido al alto grado que dicha enfermedad (la cirrosis hepática) tiene entre los "cofrades" que forman las hermandades que adoran y rinden culto a dicha divinidad. Pensemos que en muchos casos, hay "cofrades" que para rendir culto a este personaje, están bebiendo aguardiente durante casi un año, desde la festividad de la Santa Cruz, en mayo, hasta la misma fecha del año siguiente, en que la figura de Maximón se cambia de aposento y se hace cargo de él, un nuevo "cofrade mayor"[43].

---

[43] Para mayor información sobre este lago, ver mi libro *La Sonrisa de Chac* (Editado por la desaparecida —y polémica— editorial Corona Borealis) donde, aunque de forma un tanto novelada, se describe perfectamente el lago y a sus peculiares ha-

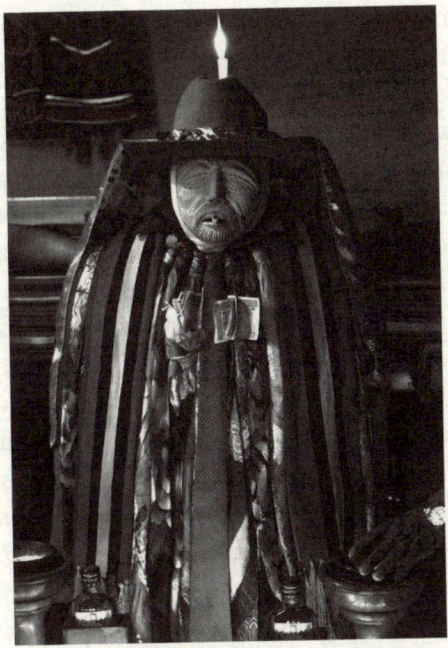

Figura de Maximón

Las ceremonias religiosas, las procesiones llenas de sincretismo (y de burla a los conquistadores también), los rezos, el culto al dios de maíz de los mayas, presente incluso en templos cristianos del lugar, y otras manifestaciones religiosas, son numerosísimas en la zona, y nos hablan de una espiritualidad superlativa entre los indígenas. Todo el contorno del lago, y él mismo, desprenden una energía que hace que quien lo visita, se encuentre "en paz consigo mismo". Quizá sea autosugestión, pero aquel aire, el aroma del lago,

bitantes. Así mismo es recomendable "Muerte en la Ruta Maya" (ver bibliografía).

y la visión de sus montañas y volcanes, hacen del lago Atitlán y sus alrededores, un lugar "mágico" casi de ensueño, y no es extraño, que en la década de los sesenta, los verdaderos y primeros "hippies", muchos de ellos gente que huía de la guerra del Vietnam y buscaba caminos espirituales y en ocasiones casi místicos a su existencia, se refugiaran en Panajachel, uno de los principales pueblos que rodean ese lago que alguien dijo que era el más bonito del mundo[44].

El escritor y viajero Tom Brosnahan, verdadero erudito de la cultura maya, dijo en una ocasión refiriéndose a esta extensión de agua: *El lago es realmente fascinante, y cuando el viajero tiene oportunidad de verlo por primera vez, no desea otra cosa que sentarse durante horas, contemplando los cambios de colores y las sombras en la superficie y en las laderas de los volcanes, provocadas por el paso de las nubes, con un efecto de evanescente ensoñación.*

[44] Hemos de mencionar que los primeros y verdaderos "hippies", los pacifistas que adoraban a la luna, que hacían ofrendas a la Madre Tierra, y que rechazaban todo tipo de violencia, buscaron a finales de los cincuenta y principios de los sesenta, los enclaves telúricos para vivir su vida. Así en España los vemos en el Cap de Creus, o en las Baleares, ocupando las cercanías de la isla de Es Vedrà, frente a Ibiza, y de la que muchos aseguran que es un punto telúrico de primer orden, una verdadera antena que combina las fuerzas de la Tierra y las del Cosmos. De esta isla diminuta de las Pitiusas, se ha dicho incluso, que fue la que inspiró a Julio Verne su novela *La isla misteriosa*. Finalizaremos esta nota diciendo que los mal llamados "hippies" de la segunda generación, finales de los sesenta y los setenta, eran muy distintos de los "esotéricos" antecesores. Los últimos eran en muchos casos "hijos de papá", hambrientos de droga y sexo.

Descalzarse, caminar por su orilla, sentir la brava caricia del viento al que los nativos llaman familiarmente "xocomil" y observar los tres volcanes, que como inmensos depósitos guardan en su interior todo el fuego de la Madre Tierra, es una experiencia inolvidable.

Santiago de Atitlán

Sabemos que en sus orillas, existieron un buen número de templos de la cultura maya, pero los conquistadores acabaron con estas edificaciones. Actualmente han sido desplazados por los templos católicos, pero que en su interior son una verdadera exhibición de sincretismo maya.

Pocos lugares combinan con tanto acierto las cuatro fuerzas dominantes de la Naturaleza, y Atitlán llena a quién lo visita, de esa "paz interior" y ese ensoñamiento semionírico, que se supone que debe de aportar al ser humano, todo lugar telúrico.

Capítulo Octavo
Nuestra gran madre

Ya es de común aceptación, que la primera divinidad a la que el hombre rindió culto, era mujer, y así mi buen amigo el prestigioso, polémico y valiente por encima de todo, periodista y psicólogo catalán Pepe Rodríguez escribió un interesantísimo libro titulado *Dios nació mujer*. El hombre antiguo veía que su compañera de cueva daba a luz, paría a sus hijos, que de la tierra brotaban cada año los vegetales que servían en parte para sobrevivir, que si caía un árbol, poco después del seno de la Tierra aparecía otro, y todas aquellas visiones y sensaciones llevaron a aquel hombre de hace muchos miles de años, a creer que por encima de todo lo existente debía haber una Gran Madre fecundadora, y qué mejor que aquella que nos acoge tras la muerte.

Hasta la actualidad se han encontrado como unas mil estatuillas que representan formas femeninas de exuberantes atributos femeninos, y que se remontan, en muchos de los casos, al paleolítico. Las más remotas se remontan aproximadamente al 27.000 antes de nuestra era, y están repartidas por diferentes países, principalmente por Europa y Turquía.

Es sin duda seguro que la fertilidad fue la función primordial de las diosas paleolíticas, como demuestran los vientres dilatados, los pechos colgantes y las nalgas anchas y extremadamente carnosas.

La semejanza de las figuras de la Gran Diosa existentes en el paleolítico y del neolítico (hace unos 10000 años), parece indicarnos que existió una religión coherente y coordinada que se trasmitió de una época a la siguiente.

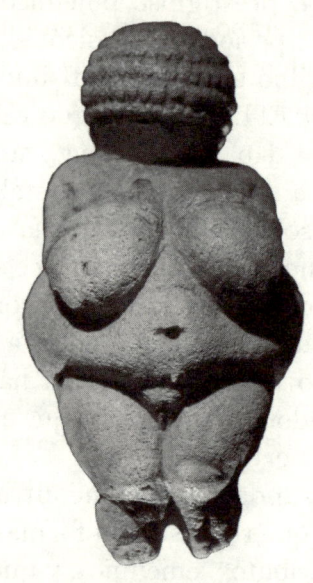

Venus de Willendorf, Gran Diosa paleolítica

Incluso el psiquiatra doctor Carl G. Jung (1875-1961) abordó el estudio de la Gran Diosa Madre, y así en su teoría de los arquetipos nos dice: *La Diosa Madre, en tanto origen sobrenatural del mundo, es un concepto innato de la mente humana, anterior incluso al nacimiento, en parte porque la experiencia humana primaria y universal es la de la gestación.*

Nosotros no somos psiquiatras, ni tan siquiera pre-historiadores o arqueólogos, pero lo que sí podemos asegurar, es que en casi todas las culturas de la anti-güedad, ha existido una Diosa Mater que en ocasiones ha estado muy por encima del "dios masculino" muy posterior en el tiempo, e incluso en nuestra sociedad cristiana y occidental, en muchos pueblos, el culto a María (cristianización y adopción del culto a la Diosa Madre, aunque personaje histórico real) es muy supe-rior al de un Dios invisible o al del Hijo de esta Virgen-Mater, y tenemos un claro ejemplo en México, donde antes que cristianos son "Guadalupeños".

"Murtras" o "Venus" paleolíticas, Isis egipcias, Geas griegas o Telus latinas, y después las siempre arcanas vírgenes negras del medievo, diferentes for-mas y nombres para señalar y referirse a una sola y única creencia en la Gran Diosa, madre de todo lo que habita en nuestro planeta. Como bien dice Sh. Hu-sain[45] en su libro, en el siglo XX, el culto a la Diosa está regresando aunque con variantes a los cultos anteriores. El ser humano, hombre o mujer se está concienciando de la existencia de una "macro-vida" de un "macro-ser" que es ni más ni menos que Gaia, la misma que inspiró respeto y devoción a nuestros más lejanos antepasados y la misma que hace decenas de miles de años, hizo que el ser humano empezara a creer en el Más Allá y en una vida trascendental

---

45   *La diosa*, ediciones Debate, colección "Culturas de Sabi-duría". Ver la bibliografía del final del libro.

después de la muerte, después de ser enterrado en el seno de la Gran Mater. Sin duda este culto, muchas veces mimetizado por grupos sectarios, puede tener un camino imparable hasta conseguir un mayor respeto hacia el planeta en que vivimos y que debemos de dejar un poco mejor a nuestros hijos, aunque por el camino que vamos, difícil lo tenemos.

Capítulo Noveno
El gran enigma de las "Venus paleolíticas"

"Las llamadas Venus paleolíticas son, ni más ni menos, que el símbolo maternal y de fecundidad que hermanó a decenas de pueblos, clanes y tribus en toda Europa y algunas partes de los continentes africano y asiático durante milenios".
Bartolomé Gómez-Vera y Calasparra, estudioso autodidacta, viajero y especialista en las Venus paleolíticas.

En un libro dedicado a la Gran Madre, creemos que debíamos incluir aunque fuera un pequeño capítulo, dedicado a las primeras representaciones que el Hombre antiguo, hizo de esa divinidad por la que tanta devoción sintió el ser humano durante decenas de milenios.

En un momento dado del paleolítico superior o leptolítico, aparecen por toda Europa e incluso por algunos lugares de Anatolia, figuras femeninas en las que se aprecia una desmedida "esteatopigia". No se asuste el lector ni se acompleje si desconoce el significado exacto de dicha palabreja, que nosotros intentaremos dar respuesta a su duda. Esta palabra viene a significar algo parecido a "gordura controlada", ya que hace referencia a la exuberancia adiposa que existe en determinadas partes del cuerpo humano (del griego *esteatos*, grasa, y *pigos*, caderas o nalgas). Muchos prehistoriadores, la verdad es que una gran mayoría, reconocen actualmente que estas figuras milenarias, son una simbología de la fecundidad, aunque entre algunos estudiosos, esta teoría está puesta en duda, y así podemos hablar de un "enigma de las Venus paleolíticas" que todavía busca una respuesta unánime entre los especialistas en el tema.

Teorías las hay para todos los gustos, pero existe una que nos atrae particularmente, y es la defendida por el profesor austriaco F. Hancar en la que nos habla de una relación entre estas estatuillas y una veneración general hacia el principio de lo Femenino. Esta teoría se complementaría con la del investigador J. Maringer, en que nos dice: *Bajo las figuras de estas "madres ancestrales", el cazador prehistórico venerará a las dos fuerzas primordiales de la producción y del crecimiento, de las que surgirá el clan, la familia y la tribu, viendo en ellas, a los custodios de la vida sexual, por la que siguen existiendo, así como a las potencias guardianas que propician la caza.*

Venus de Brassempouy

Desde que el arqueólogo francés E. Piette descubrió a finales del siglo XIX la famosa "Venus de Brassempouy" en el interior de la llamada Cueva del Papa, situada en la localidad que da nombre a la estatuilla, muy cerca de Dax, en las Landas francesas (y que se remontaría al Magdaleniense Medio) hasta el memorable descubrimiento de la Gran Madre de Catal Huyuc (Turquía) y de la que hablaremos más tarde, se han venido realizando un gran número de descubrimientos de estas Diosas Maters en diferentes yacimientos (se dice que existen catalogadas casi un millar), pero resultando como ya era de prever, que la mayoría se encontraba en esos úteros naturales (pertenecientes a la Gran Madre Tierra) que son las cuevas y grutas, y así podemos hablar de la famosa "Venus de Lespugue", encontrada por Saint-Perier en el año 1922, en el interior de la cueva de Les Rindeaux (Alto Garona, Francia), o de las quince estatuillas de este estilo encontradas en las Cuevas de Grimaldi, en el litoral ligur, entre Menton y Ventimiglia, entre las que destacó la famosa "Venus Polichinela" esculpida en esteatita verde, de la que quienes la han estudiado nos dicen que "asombra que su escultor, pudiera lograr una silueta tan dramática y tan nítidamente esteatopígica". Reconocemos que en muchos casos, principalmente en la zona de Siberia, Silesia y el lago Baikal, estas figuras se han encontrado en enclavamientos al aire libre, quizá antiguos santuarios, e incluso en alguna ocasión esculpidas en las paredes, en la misma piedra virgen como es el caso de la famosa "Venus de Laussel", descubierta por Perigord y que se conoce popularmente como la "Venus del Cuerno", pues curiosamente lleva en una de sus manos un objeto muy parecido a una clásica cornamenta.

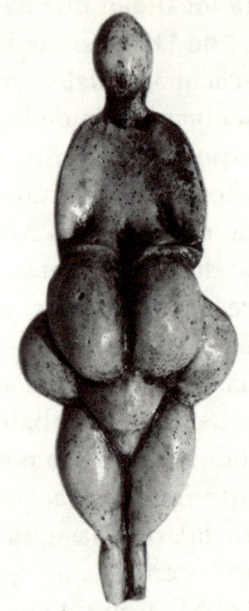

Venus de Lespugue

Posiblemente existieron anteriormente grabados rupestres que, anteriores a las "Venus Paleolíticas", también representaban el culto a la fecundidad de la Tierra, y un ejemplo podría ser las "vulvas" femeninas esculpidas en la roca, encontradas en una ladera rocosa de Abri Cellier, en la Dordoña francesa.

Indudablemente el valor religioso y místico de estas representaciones de la Gran Madre era impresionante para aquellas gentes, y lo demuestra el hecho de que se fue transmitiendo del paleolítico superior, al neolítico, pasando por el mesolítico. Un ejemplo de esta continuidad hacia la "Gran Paridora", la tenemos en la anteriormente citada Gran madre encontrada en territorio turco. Esta estatua, conocida como "La Gran Madre de Catal-Huyuc" y que personalmente hemos tenido la oportunidad de admirar en el museo, fue descubierta el año 1962, por el arqueólogo James Mellaart, y está datada hacia el 6000 antes de nuestra era, o sea entre diez y doce mil años más "joven" que las demás Mater Paleolíticas, lo que nos indica la importancia de este culto.

Como bien dice el profesor José Manuel Gómez-Tabanera (que fue profesor de Prehistoria y etnología de la Universidad de Oviedo) en su trabajo *"El enigma de las venus paleolíticas"*[46]: *La Gran Madre de Catal-Huyuc (Turquía) parece preludiar a toda una serie de representaciones figuradas de deidades maternas de grosor desmesurados, con las que topará el arqueólogo y el antropólogo a lo largo y a lo ancho del largo "Creciente Fértil", cuna de la revolución agraria neolítica. Imágenes que sin embargo, también encontrará en el Mediterráneo Occidental, en hitos tan significativos, como pueden ser la isla de Malta, Sicilia o la Península Ibérica, hasta llegar incluso a las Islas Canarias.*

Ante estas palabras no dudamos que toda la lista de "diosas primordiales" de los antiguos pueblos medite-

---

[46]   Ver sus trabajos publicados en *Historia y vida*.

rráneos (Gea, Isis, Murtras, Cibeles, Rea, la Asherah cananea, Astarté, etc.) no son más que el recuerdo de esa Gran Mater, creadora de todo lo vivo, de las cosechas y los rebaños, que desde que hacia el 26000 antes de nuestra era, en la que aparecen las imágenes más antiguas hasta las divinidades femeninas clásicas, fue la divinidad más importante y con un culto común más numeroso, de toda Europa y gran parte del Próximo Oriente[47].

---

[47] *La Diosa, creación, fertilidad y abundancia,* publicado por Shahrukh Husain, en Ediciones Debate.

Para las personas interesadas, en concreto, en el arte de los hombres del Paleolítico, les recomendamos el trabajo *El hombre paleolítico* (*Historias del Viejo Mundo,* número 3), del que es autor Alfonso Moure Romanillo.

Capítulo Décimo
La ciencia nos habla: ¿Se pueden medir las fuerzas telúricas?: el magnetómetro de protones y la gravimetría

"Nos despreciemos porque sí a la Ciencia, pues ella nos enseña e instruye, pero sin dejar tiradas las antiguas tradiciones que guardan el Saber de los antiguos, de los ancestros que, al estar toda su vida en contacto directo con la Madre Naturaleza, aprendieron a conocerla bien, sin necesidad de aparatosos aparatos científicos como los que se usan actualmente."
Enrique A. Mozás (1902-1961). *Viajero, ex militar, viajero, estudioso de las culturas ancestrales y filósofo.*

Cuando ya estamos en la última parte de este libro, nos hacemos esta pregunta que muchos de los lectores sin duda también se hacen. Nosotros no somos científicos, y nuestra labor se reduce a presentar una serie de investigaciones hechas *in situ* y en las bibliotecas, que nos permite confirmar, con toda la *subjetividad* que el ser humano es capaz de poseer, que sí que existen y que el ser humano, el Hombre (con mayúsculas) conoce desde tiempos inmemoriales, pero la pregunta sería, ¿existen realmente técnicas y aparatos para "medir" estas fuerzas de la Madre Tierra?

Nosotros no vamos a romper ninguna lanza a favor o en contra de los "buscadores" y menos de los "medidores" de fuerzas intraterrestres o terrestres, pero sí que creemos oportuno terminar mencionando las investigaciones que algunos de estos "buscadores" han realizado en los últimos años.

Nos dice Blanche Merz, que un buen geobiólogo racionalista puede utilizar para la detección y lo que es más importante, la medición de estas fuerzas, varios aparatos técnicos, destacando: Detectores de alta frecuencia, oscilógrafos 308 S, receptores de ondas ultracortas con microamperímetro, ohmiómetros, contadores Geiger-Müller, receptores de corrientes de electrofiltraciones y el contador de centelleo entre otros.

Merz, en su búsqueda de muchos años, por diferentes lugares de "fuerza" por todo el mundo, se limitó a utilizar tres de estos sistemas tecnológicos:

- El contador Geiger-Müller, para la radioactividad del lugar.
- El lóbulo-antena, para poder detectar las líneas Hartmann.
- Y finalmente el contador Bovis, para medir la intensidad del lugar.

Este último sistema concebido por el físico Bovis y el ingeniero Simoneton, consiste en una reglilla armada de un péndulo o "pelo", el cual indica, señalando una cifra cualquiera de la escala, la intensidad del lugar. Ambos científicos utilizaron como punto de partida de este biómetro, las longitudes de ondas conocidas en las ciencias físicas, como por ejemplo la del color rojo, correspondiente a 6500 Amstrong, y por lo tanto un A= 1 diezmillonésima de milímetro.

Según Merz, en su ya clásico libro sobre este tema[48], el biómetro, acepta tres dimensiones, pero como en esta división "muy particular" se mezclaban palabras como "cuerpo etéreo", "domino espiritual", y también aparecían el famoso y discutido efecto Kirlian, (recordemos que frente a las verdaderas cámaras Kirlian de los laboratorios, existen también las de "feria") que entran por mérito propio en el campo del esoterismo más rancio cuando no en el ocultismo, hemos preferido prescindir de ellos. No desacreditamos ni muchísimo menos sus investigaciones, pero nos parecen revestidas de una mentalidad demasiado "esotérica", la cual puede dañar el buen camino de las investigaciones serias de estas energías terrestres y dar todavía más "alpiste" a los científicos más conservadores y ortodoxos, para negarlas e incluso en muchísimas ocasiones (incluidas programas de "telebasura") ridiculizarlas.

La verdad, y lo decimos totalmente a nivel personal, si no se es un cualificado científico debidamente equipado, aparte de la radiestesia, que es un verdadera arte (utilizada incluso en algunos ejércitos modernos), y que ya nadie que esté en sus cabales es capaz de negar, lo mejor para apreciar estas fuerzas, que repetimos, para nosotros son totalmente reales y las hemos sentido personalmente, son el SOMA y la

---

48   Ver bibliografía.

MENTE de cualquiera de nosotros cuando estamos en el lugar. No nos dejemos influenciar por lo que nos han contado o hemos leído, sino que dejemos relajar la mente, posemos con fuerza y confianza nuestros pies en el suelo, y dejemos que la Fuerza del "lugar" penetre en nosotros (cuidado donde lo hacemos, pues ya hemos dejado bien claro en uno de los capítulos anteriores, que hay lugares sencillamente negativos) y nosotros y nadie más que nosotros seremos el mejor testigo de esas corrientes telúricas que son ni más ni menos que las venas y arterias de la Tierra, de nuestra Madre Tierra a la que algún día volveremos.

De cuantos proyectos de estudio de las fuerzas telúricas que conocemos, sin duda el que mejores perspectivas presenta, es el conocido como *The Dragon Project Trust*, dirigido por el investigador anteriormente citado Paul Devereux. Este proyecto que ya lleva años de investigaciones, estudia los fenómenos energéticos de los distintos lugares del planeta, mediante instrumentos científicos y la ayuda de radiestesistas y "psíquicos" bien contrastados, y han realizado estudios en diferentes países de Europa, Asia, América y África.

Pero podemos decir, con cierto orgullo y sobre todo con esperanza, que algunos investigadores del campo de las ciencias, generalmente a modo individual y personal, ya han roto su propia lanza en el campo del conocimiento heterodoxo, y más de un geólogo y especialistas en el campo del Saber, ya empiezan a salir al campo con instrumentos TOTALMENTE FIABLES Y CUALIFICADOS, para estudiar estas fuerzas terrestres que tan mal sientan a una mayoría de los componentes de la "gran familia científica". Hemos contado para esta pequeña relación, con la valiosa e insuperable colaboración del reconocido científico y especialista mundialmente conocido doctor Luis Miguel Doménech, profesor de geología en la Universidad de Barcelona y en la Universidad Politécnica de Cataluña, y que ha impartido conferencias en *distintos simposios y* congresos sobre Geología Planetaria. Además agradecemos que nos haya prologado este trabajo, cosa que, sin duda otros científicos de menor talla hubieran rechazado. No dudamos en asegurar que científicos valientes como él, harían, de hecho esperamos que harán, que la Ciencia avance y pierda esa capa de esclerosis mental que embota a muchos de sus componentes[49].

No vamos a reproducir toda la tecnología que dicho científico nos ha explicado, ya que, lo que tiene

---

49   Cuando estamos escribiendo estas líneas, este geólogo catalán se está preparando para llevar a cabo dos investigaciones sobre el tema. Una de ellas en la arcana y energética montaña pirenaica, donde se levanta el santuario de Nuria y otra en el Río Lobos, del que ya hemos hablado extensamente en un capítulo anterior. Armado con un magnetómetro de protones, realizará unas investigaciones in situ, que deseamos y esperamos confirmen nuestras teorías sobre el telurismo que sin duda (para nosotros, al menos) tienen ambos enclaves "mágico-sagrados", uno "dominio" de una Virgen-Mater ancestral, el otro un enclave templario y eremítico.

usted en sus manos no es un trabajoso y hasta cansino tratado científico, pero sí que presentamos a continuación algunos de los aparatos y técnicas más fiables que existen en la actualidad para que los científicos trabajen en el campo de las fuerzas terrestres que nos ocupan.

EL MAGNETÓMETRO DE PROTONES

Ante todo, y por méritos propios, debemos mencionar el *magnetómetro de protones*, el cual se utiliza normalmente en prospecciones geofísicas, para detectar y dimensionar las anomalías en la susceptibilidad magnética de los distintos terrenos, unas anomalías que pueden ir ligadas a la existencia de yacimientos de minerales, rocas con polarizaciones orientadas, fallas, o grandes fracturas con o sin circulación de fluidos (como por ejemplo serían las siempre misteriosas y atrayentes corrientes de aguas subterráneas muchas veces presentes en los enclaves peregrinos y de las que ya hemos hecho mención). Básicamente lo que se hace es, medir la intensidad del campo magnético y las pequeñas variaciones que puedan darse en este[50].

---

50   Como posiblemente más de un lector esté interesado en consultar bibliografía especializada en este tipo de aparatos científicos, al final del libro, y justo detrás de la bibliografía general, hemos creído oportuno añadir una pequeña lista de libros sobre el tema, escritos en castellano y en inglés.

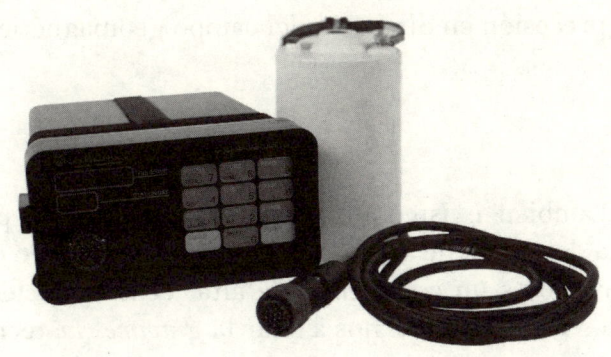

El magnetómetro de protones

Curiosamente, y contra lo que cabe pensar, no se trata de un aparato engorroso de llevar, todo lo contrario, cabe en una mochila o macuto de campo, acompañado de su correspondiente receptor, y su forma de trabajar es sencilla y muy funcional a la vez, pues hace perfiles sobre el terreno, midiendo cada X metros, el campo magnético. Seguidamente y ya en el laboratorio, el investigador estudia los datos aportados por este aparato, se tratan matemáticamente, y de esta manera se pueden localizar las pequeñas o grandes anomalías magnéticas.

El principio físico del magnetómetro de protones es sencillo y básico, pues se limita a someter a un líquido rico en protones, a un campo de polarización, lo que hace que estos se orienten en dirección de dicho campo. Cuando el campo cesa, los protones en vez de orientarse de nuevo al azar, realizan un movimiento de precesión en dirección del campo geomagnético.

LA GRAVIMETRÍA

También existen otros métodos científicos para esta detección de anomalías telúricas, pero como este libro no es un compendio de alta tecnología científica, vamos a limitarnos a citar la *gravimetría*, técnica geofísica que permite detectar las anomalías gravimétricas, o lo que es lo mismo, las alteraciones en el campo gravitacional, provocadas por estructuras geológicas o cuerpos de baja o elevada densidad. Los avanzados equipos de gravimetría pueden utilizarse en el campo, el avión, e incluso en ocasiones, en satélites o sondas espaciales.

Y también podemos utilizar técnicas que pueden medir campos electromagnéticos, como serían las alteraciones que producen las líneas de alta tensión, antenas de telefonía móviles, etc., pero que también pueden medir las alteraciones electromagnéticas producidas por las "energías naturales", a las que nosotros llamamos "telúricas" o "suspiros" de la Madre Tierra.

Después de presentar someramente algunos de los métodos que nos permiten estudiar, e incluso "medir", estas fuerzas naturales, la pregunta es: ¿por qué la gran mayoría de científicos las eluden o simplemente

las niegan o ridiculizan?, suponemos que con la libertad intelectual y mental que día a día va adquiriendo
el ser humano, cada vez más científicos se fajarán de
ese corsé dogmático que les han sellado en las facul-
tades, y la Ciencia (con mayúscula) irá evolucionando
hacia la libertad de pensamiento y la búsqueda de la
Verdad.

Equipo de gavimetría

Terminaremos este capítulo explicando una anécdota graciosa, y denunciable a la vez, en la que se
mezclan las falsas fuerzas telúricas y la picaresca tan
abundante en el mundo ocultista y pseudoesotérico.
Una asociación de cierto raigambre en España, dedicada al estudio (*sic*) de las paraciencias, comercia-
lizó hace algunos años tres aparatos, todos de "alta
tecnología" e importados de Miami (EE.UU.) y fabri-
cados por un ingeniero electrónico alemán (resultó

ser en realidad un argentino con una cara como el cemento) que podían detectar tres tipos de "energía": Los OVNIS, las fuerzas telúricas y los "fantasmas" respectivamente. Probamos los tres por separado, y todos respondían de la misma manera ante una simple bombilla eléctrica encendida, y al abrirlos, todos tenían los mismos componentes, aunque los diferenciaba el distinto peso, el cual era debido a los plomos para equilibrados de neumáticos que estos aparatos de "alta tecnología" llevaban en su interior.

No seamos cándidos, y sin negar la existencia de aparatos que puedan medir la intensidad de las fuerzas telúricas, y que están en manos de científicos cualificados como ya hemos visto, les recomendamos que sigan los pasos, las huellas de gente, que conocedores de la Tradición, conocían por trasmisión ancestral, casi genética, o por percepción extrasensorial "verdadera" los puntos de poder de la Tierra: Usted es y será, si lo intenta, el mejor "detector" de esas fuerzas naturales con que nos obsequia o castiga, depende del momento y lugar, ese ser vivo que llamamos Gaia. Aprovechémoslas, sin duda alguna vale la pena.

EPÍLOGO

Cuando estamos terminando de escribir este trabajo, la incompetencia de unos, la falta de escrúpulos de otros, y la negligencia de casi todos, han convertido en un repugnante cementerio ecológico gran parte de las maravillosas costas gallegas, aquellas mismas calas y ensenadas que hace aproximadamente unos seis mil años, vieron llegar desde algún lugar perdido, quizá del Atlántico central, aquellos hombres y mujeres que trajeron a Europa, el arte y la CIENCIA de construir megalitos. Una vez más, nuestro planeta, esta Gaia en la que hemos nacido, y que recogerá nuestras cenizas, está un poco más enferma. El "chapapote" lo invade todo, y la valentía y generosidad de miles de voluntarios de toda España y otros países europeos poco puede hacer, pero al menos se intenta de esta manera "compensar" el maltrato que día tras día y en todos los países, estamos dando al planeta.

Los lugares "mágicos" que aparecen en este libro, sean positivos o negativos, son, o al menos eso hemos intentado demostrar en este trabajo, pruebas o señales de que este suelo que pisamos, es solamente la "dermis" más exterior de Gaia, de un ser vivo, que sufre, que ama, que *odia*, remarcamos lo de "odia" pues vemos con demasiada regularidad, que la Naturaleza causa daños irreparables sin motivo ni razón alguna, y es que todo ser vivo, es una dualidad entre el bien y el mal.

El hombre "antiguo", que no "primitivo" que es diferente, cuidó de su Madre Tierra, y dejó trabajado en piedra, unas señales, a veces majestuosas, en otras ocasiones más modestas, para que sus descendientes recordaran que debemos, que tenemos la obligación de cuidar, de respetar e incluso en ocasiones que temer a la "Gran Madre" e intentar dejar a nuestros hijos, un planeta un poco mejor de cómo lo recibimos.

Yo seguiré viajando constantemente, y sé, que cuando vuelva a entrar en los viejos templos, pirámides, catedrales góticas, tumbas megalíticas, etc., notaré algo "especial", y suspiraré algo más tranquilo y aliviado, pues sabré con toda seguridad, que aquellos "suspiros de Gaia", indican que por el momento, nuestro maltratado planeta, sigue teniendo pálpito, y que así sea por mucho tiempo.

Pero repito lo que ya habíamos dicho en anteriores capítulos, y que nadie se rasgue las vestiduras: la Tierra es un ser vivo y por lo tanto imperfecto, maniqueo, con sus prontos y hasta "cabreos", sus defectos, sus amores y sus odios, por lo que terminaré recordando, aunque nadie soy para dar consejos, que cuando vayamos a un lugar "especial", estemos muy atentos, pues los lugares son positivos o negativos, y que mientras unos pueden llenarnos de Paz, otros pueden impregnar nuestro soma y nuestra psique de algo que quizá pueda ser muy perjudicial para nosotros. Solo cada uno de nosotros es responsable y debe ser consciente de cómo estas vibraciones, que terminaré llamándoles como siempre he hecho FUERZAS TELÚRICAS, nos afectan, y recordarles que estas fuerzas, *en un momento preciso, pueden afectarnos a todos, humanos, animales y plantas,* y solamente nosotros podemos distinguirlas, y por lo tanto gozarlas o sufrirlas[51]...

Barcelona, Port de la Selva
(otoño del 2002-invierno del 2003).

---

51   En un momento dado me planteé incorporar en este libro un capítulo sobre la actualmente tan popular moda del Feng Shui, pero tras visitar detalladamente una conocida librería especializada de Barcelona y ver la cantidad de libros escritos en los últimos cinco años sobre este tema tan especial, creo que no hubiéramos aportado nada nuevo. De todos modos en la bibliografía hemos creído oportuno añadir algún título de este "arte oriental" para quien quiera profundizar en el tema, pero descartando títulos como *Gane a la lotería con el Feng Shui, El Tarot del Feng Shui* o *Consiga el amor con el Feng Shui,* que a nuestro parecer forman parte de la picaresca pseudoesotérica tan en auge desde hace años.

El autor

Como en otras obras anteriores, la finalidad de este libro no ha sido en absoluto herir susceptibilidades de nadie, y muchísimo menos crear dogmas, que para eso están las distintas religiones, incluso algunas tendencias políticas fanáticas y supremacistas o nacionalistas, sino presentar unas teorías que si no nuevas, que no lo son indiscutiblemente, sí que han sido poco tratadas por autores españoles.

Pido perdón a quien haya podido herir, pues no era esa mi intención, y repito lo que en páginas anteriores ya hemos dicho: no soy científico, solamente he escrito este libro desde un punto de vista de persona "libre" de presiones y que se dedica a narrar lo que ve y siente.

Miguel G. Aracil
(revisado y corregido a finales
del verano del 2023)

En algún lugar donde terminan o empiezan, eso depende de cada cual, los Pirineos, mientras ve morir día a día los fondos marinos y, escucha como se destruyen los glaciares, y los incendios nos asedian, síntomas muy graves que nos indican que estamos, entre todos, matando a este precioso planeta azul que muchos llamamos Tierra y otros Gaia, el GRAN SER VIVO.

Bibliografía general

Sabemos que afortunadamente la bibliografía sobre este tema, es en los últimos años muy numerosa, incluido muy buenos títulos en lengua castellana. También reconocemos que se han publicado verdaderas estupideces, desde supuestos enclaves céltico-ufológicos-telúricos (*sic*), hasta "colonias mágico-egipcias" en Cantabria. Nosotros nos hemos limitado desde un punto de vista muy personal y por lo tanto subjetivo, a presentar al lector, una bibliografía como mínimo "digna" y accesible a todos.

Indudablemente sabemos de la existencia en España de grupos de "buscadores" de *leys*, curiosamente muchos de ellos sudamericanos, pero puestos al habla con algunos de estos "profesionales", hemos creído mejor no citar a ninguno de ellos, aunque no descartamos en absoluto la existencia de muy buenos profesionales del "telurismo" en nuestro país, en muchos casos provenientes de la milenaria y dignísima radiestesia, aunque vemos con desagrado que se tiende a confundir las fuerzas telúricas, con el *feng-shui* de la milenaria cultura china, muy digna sin duda, pero totalmente diferente en muchos aspectos. Sobre esta milenaria "ciencia" china hemos escogido algunos títulos que nos merecen cierta confianza.

También hemos incluido los libros que nos han servido como fuentes para ciertas informaciones presentadas en este trabajo y que aún pueden ser adquiridos de manera regular.

Antes de proceder a la redacción de esta bibliografía, hemos creído oportuno visitar un buen número de librerías especializadas, incluso un *hunter book* barcelonés, para saber si los libros aquí referenciados, son de más o menos fácil adquisición. Todos o casi todos los libros aquí reseñados pueden conseguirse en librerías generales, especializadas o en los modernos *hunter book* que aunque escasos en nuestro país, ya empiezan a prestar sus servicios al público español. Deseamos que esta bibliografía, aunque no muy numerosa, sirva de ayuda a los lectores que quieran profundizar en este apasionante tema.

Aracil, Miguel G.
Dioses, megalitos y fuerzas telúricas. Ediciones La Espiral, (tercera edición).
Montserrat, montaña mágica. Ediciones Arbor.
Atlas de la Cataluña mágica y misteriosa. Ediciones Bastet.
Guía maldita de Cataluña. Ediciones Bastet.
Segunda guía maldita de Cataluña. Ediciones Bastet.
Gran guía de la Cataluña mágica. Ediciones La Espiral.
Guía mágica del Camino de Santiago. Ediciones Indigo.
La Sonrisa de Chac. (Muerte en la Ruta Maya). Ediciones Corona Borealis.
Guía práctica de la Cataluña cátara y templaria. Editorial Bastet.

Muerte en la Ruta Maya. Desde Estambul a Capadocia. Editorial Bastet.

Atienza, G. Juan
Santoral diabólico, Martínez Roca.
Guía de la España Mágica, Martínez Roca.
La meta secreta de los templarios. Martínez Roca.

Begg, Ean
Las vírgenes negras. Martínez-Roca.

Bonilla, Luis
Historia de las peregrinaciones. Biblioteca Nueva.

Braem, Harald
El mensaje de las pirámides. Martínez-Roca.

Broch, Henri
El misterio de la pirámide de Falicón. Editorial A.T.E.

Bueno, Mariano
Vivir en casa sana. Martínez-Roca.

Cottrell, Leonard
Las maravillas de la antigüedad. Ediciones La Pléyade.

Charpentier, Louis.
El enigma de la Catedral de Chartres. Plaza-Janés.
El misterio de Compostela. Plaza-Janés.

Davies, Nigel.
Sacrificios humanos. Ediciones Grijalbo.

Debate
Atlas de lo Extraordinario. Cuatro volúmenes. (Varios autores).

Devereux, Paul
La memoria de la Tierra. Martínez-Roca.
Gaia, la Tierra inteligente. Martínez-Roca.

Edde, Gérard
La salud por el hábitat, Editorial Indigo

García-López, José
La religión griega. Editorial Istmo.

Gauquelin, Michel
Los relojes cósmicos. Plaza-Janés.

Guinguand, Maurice
La cuna de las catedrales. Espasa Calpe.

Hofstästter, Hanns
Gótico. Ediciones Garriga.

Homett, Marcel
Los hijos del Sol. Editorial Juventud.

Huynen, Jacques
El enigma de las vírgenes negras. Plaza y Janés.

Husain, Shahrukh
La diosa, Debate.

Lafforest, Roger
Casas que matan. Martínez-Roca.

Larralla, J. A. G.
Religiones y creencias, Ediciones Danae.

Leigh, Brian
La Tierra Sagrada. Ediciones Taschen.

Lorenzo, Santiago
Galicia mágica. Martínez-Roca.

Llarch, Joan
Gaudí, biografía mágica. Plaza y Janés.

Maclellan, Alec
El mundo perdido de Agarthi. Editorial EDAF.

Meyer, Mery
El oráculo de las Piedras Sabías. Editorial Bastet.

Merz, Blanche
Pirámides, catedrales y monasterios. Martínez-Roca.

Michell, John
Nueva visión sobre la Atlántida. Martínez-Roca.

Niel, Ferdinand
Stonehenge. Plaza-Janés.

Pennick, Nigel
El mundo subterráneo. Ediciones Lidium.
Las ciencias secretas de Hitler. Editorial EDAF.

Rebullida, Amador
Astronomía y religión en el neolítico-bronce. Editorial Ègara.

Romero, Eladi
Malta. Ediciones Laertes.

Séde, Gérard de
El misterio gótico. Plaza y Janés.

Seemann, Otto
Mitología clásica ilustrada. Editorial Vergara.

Sierra, Javier
Las puertas templarias. Martínez-Roca (novela de investigación).
En busca de la Edad de Oro. Grijalbo.

Tarade, Guy
Las venas de la Tierra. Arias Montano editores.

Tarrús, Josep
Poblats, dòlmens i menhirs. Diputación de Girona (en catalán).

Touchard, Jean-Claude
La arqueología misteriosa. Plaza y Janés.

Varios autores
Heterodoxos en el Camino de Santiago. Diputación de
Pamplona.

Vitebsky, Piers y Humphrey, Caroline
La Arquitectura sagrada. Culturas de la Sabiduría

Zanot, Mario
El computador neolítico. Ediciones Argos-Vergara.

BIBLIOGRAFÍA TÉCNICA

Tal como indicábamos al final del décimo capítulo, presentamos a continuación una pequeña relación de libros especializados en el tema de los aparatos científicos para medir las fuerzas telúricas.

La verdad es que la bibliografía que tenemos al respecto no es muy abundante, y principalmente en lengua inglesa y algunas obras en alemán, pero puestos al habla con el geólogo y prologuista de este trabajo que tiene usted en sus manos el profesor doctor Luis Miguel Doménech, ya mencionado anteriormente, y aconsejados por él, presentamos esta pequeña relación para los lectores que quieran profundizar desde un punto de vista científico en el tema.

Cantos, J.
Tratado de Geofísica Aplicada. 3ª edición, E.T.S. de Ingenieros de Minas, 1987 (en castellano).

Dobrin, M. B y Savit, C. H.
Introduction to Geophysical Prospecting. Ed. MacGraw Hill, 1988, (en inglés).

Parasnis, D.S.
Geofísica minera. Ediciones Paraninfo, Madrid 1971 (en castellano).

Sharma, P.V

Environmental and Engineering Geophysics. Cambridge University Press. 1990 (en inglés).

W. M. Telford, L. P. Geldart y R. E. Sheriff
Applied Geophysics, Cambridge University Press. 1990. 2ª edición (en inglés).

ÍNDICE